湛然空寂

惟明法師開示語錄 5

精華篇

有因有緣集世間（集），有因有緣世間集（苦）；
有因有緣滅世間（道），有因有緣世間滅（滅）。
緣起之法，若佛出世，若不出世，法爾如是！
換言之，佛只能開導我們，而實踐必由自己。

惟明法師——著

華夏出版公司本著「弘揚傳統文化，好書永世流傳」的理念，因舊版圖書年代久遠，囿於時空因素，在尚未能聯繫到原著作人並取得同意下，重新出版了這本著作，如有侵權，敬請著作權人或其親友和華夏出版公司聯繫，謝謝您。

目錄

圖版……鍾周鵬居士輯錄

圓明文集 自序(一)

佛教自東漢明帝永平十年傳入中國，在魏、晉、南北朝、隋、唐諸朝代，曾有過光輝燦爛的歷史，教義發達，高僧輩出，《高僧傳》一、二、三集，就僧侶高行者，分類爲：譯經、義解、習禪、明律、護法、感通、遺身、讀誦、興福、雜科聲德等十大科（三集大同小異）。在家居士，包括帝王、文人、各個階層，也有優良表現。教義傳揚方面，大小乘并行，各競光輝，大乘顯得宏闊勝大，小乘則樸實親切。隋朝費長房撰《歷代三寶紀》就其教義，加以介紹，大乘是：

「教而明佛，則成道已來，無量無邊阿僧祇劫，不生不滅，常住凝然，量等虛空，形同實際。

略而談法，則是方等十二部經，八萬四千微妙奧典，甚深祕密種種法門。

位而論人，則有十地及三十心（十住、十行、十迴向）。備歷四十（十地、三十心）、遍遊六道，猿、猴、鹿、馬、蠕動、蜎飛，無識不形，無趣不受。

煩惱則有五住地惑（三界分別見惑、欲界思惑、色界思惑、無色界思惑、根本無明惑），八萬四千諸塵勞門。所行則四攝、六度、三十七助菩提。萬德齊修、二諦（真、俗）並習，利他損己，無悔吝心。所受則三歸、十善、八萬律儀，悉皆奉持，乃至成佛。濟流、如象渡水；遊衢、車駕大牛；洽潤、譬若大根；承露、猶如大葉；憩息、則止大涅槃城。

諸如此文，皆大乘也。」

小乘教義則爲：

「教而辯佛，則王宮誕生，襁褓扶持，乳哺鞠養，乘羊車而詣學，試伎術而成婚，十九出家，三十成道（通作二十九出家、三十五成道）、四十九年處世說法，年七十九，於雙樹間右脅而臥入般涅槃。的而論法，則是契經：或止九部，或十一部，四含、雜藏，及以毗曇（亦譯阿毗達磨，華言無比法，即論也）。談人，則名聲聞、緣覺、四果、四向、五方、七便（五停心、別相念、總相念、煖、頂、忍、世第一）。剃除鬚髮，捨俗出家。局在天、人，弗該餘趣。煩惱則五蓋（貪欲、瞋恚、睡眠、掉悔、疑）、十纏（無慚、無愧、嫉、慳、悔、睡眠、掉舉、昏沈、瞋忿、覆）、九十八使（三界思惑共十使併前見惑八十八使）。所行則四聖諦、十二因緣、檢攝七支（身三、口四）、防守三業（身、口、意）。所受禁制，則三歸、十戒、二百五十，及五百戒（三百四十八戒）。唯盡一形，弗通後世。自調身口，匪涉利他。入理水之淺深，譬兔、馬之浮渡；出街衢之遊戲，駕羊、鹿之卑車；洽露潤之少多，若中小之根葉；休疲怠之穌息，憩非真之化城。

諸如此文，皆小乘也。」

然盛衰相替，佛法在中土播揚，大放光芒之後，外遭三武一宗等的摧殘，內部本身逐漸脫離正軌，爲繁瑣、他力、神祕、空疏等所困蔽——習教者苦於名相繁多，疏、鈔、注動輒數十百卷（皓首窮經）；禪宗相反，不立文字，只主張參一個話頭（被機不廣）；淨土宗則認爲末法唯念佛法門契合衆生根機，推出「禪淨四料簡」一等，對其他法門都不認定（謗他成過失）。其他，附佛外道的攀附，一些佛教徒崇尚神異、拔薦，使佛法抹上一片迷信色彩（神、佛不分）。種種原因，造成佛法的衰退，偈促一隅。

所幸現在有識之士，逐漸在調整，不讓其偏頗發展。頗做了些考證、過濾、濃縮工作，佛教的輪廓，逐漸顯現，正信、迷信，有了分野！正信佛教徒也能開闊眼光，不再囿於門戶之見，互相尊重，瞭解各宗派間彼此取長補短的重要。至，自信心的建立，觀諸年輕一輩對原始經典——《四阿含》的普遍愛好，在其中當會得到一些啓示，前途會較樂觀的。

佛教的興衰，四衆弟子都有責任！由於國人的習性好略，而《大藏經》卷帙衆多，雖說是無盡寶藏，卻給人無從下手的感覺！因覺有需要做些橋樑工作。筆者讀書不求甚解，只觀其大意，因此對於經書、語錄精簡部份——序、跋、碑、記、論、述、偈、章等，較爲留意。透過這些，可以欣賞作者的精心傑作，及以此爲橋樑，瞭解經文大意、思想重點。實能收到事半功倍的效果！基於方便初機者，不計譾陋，輯出若干篇（三輯：闡教篇、禪宗篇、集錦篇），算是野人獻曝！佛教之興，須靠羣策羣力，積少成多，蔚成壯觀！語云：「泰山不讓土壤，故能成其大；河海不擇細流，故能就其深。」《圓明文集》的刊行，應作如是觀。

佛曆二五三五年（一九九一）九月三日　釋惟明于圓明靜室

圓明文集 自序(二)

昔達磨將欲還天竺，傳衣、法二祖慧可，並付《楞伽經》四卷，曰：「我觀漢地，惟有此經，仁者依行，自得度世。」（《高僧傳》）《楞伽經》包括了禪、教要義，及頓、漸修行法門。

《楞伽經》說五法：相、名（或作名、相）、分別、真智、如如。

相、名（依他起性，即因緣生法，包括眼見、耳聞等世間萬事萬物——業力顯現）、分別（遍計所執性、意識分別）屬世間法；即衆生不達實際，六根馳逐六塵——在依他起性上，起遍計所執，迷惑、造業、感果——遂淪于生死，輪轉不息。佛教根本教義：四聖諦的苦、集二諦；以及十二因緣：無明緣行、行緣識……大體在闡述這些道理。

真智、如如，屬出世間法。即通常所說的轉識成智。行者了達世間（相、名、分別）不真實性，依文字般若、觀照般若，離虛妄分別，證入實相般若（圓成實性）。四聖諦中的滅、道二諦，以及逆觀十二因緣：無明滅則行滅、行滅則識滅……無非指導我們如何體證清淨本性。

由世間臻于出世間，修行方法很多，「最上根器，悟密旨於鋒芒未兆之前，中下品流，省玄樞於機句已施之後」，故有如來禪、祖師禪施設！如來禪有階次可循；祖師禪唯頓無漸——觀現前一念恆自清淨！舉二則以明：

平江府紹隆禪師：僧問：「如何是佛法的的大意？」師曰：「蛇頭生角！」

池州靈鷲閑禪師：上堂：「是汝諸人本分事！若教老僧道，即是與蛇畫足。」時有僧問：「與蛇畫足即不問，如何是本分事？」師曰：「闍黎試道看？」僧擬再問，師曰：「畫足作麼？」

然此頓教法門，猶如一人與萬人戰，一般人往往會會錯意——認識神爲真心，或落入口頭禪、無事甲中！故如來大開教網，撈漉各類根機——由外，層層剝落，最爲穩當！先說施、戒、升天之法，令保住寶貴人身。

如果具出世善根，爲說出離之道：知苦、斷集、慕滅、修道（十二因緣從愛、取支下手，逐漸削弱）。從束縛到解脫：經歷五停心觀（多貪眾生不淨觀、多瞋眾生慈悲觀、多散眾生數息觀、愚癡眾生因緣觀、多障眾生念佛觀）、四念處（觀身不淨、觀受是苦、觀心無常、觀法無我）、四加行（煖、頂、忍、世第一），然後初向、初果（斷見惑：見道），二向、二果、三向、三果、四向（以上修道）、四果（斷盡思惑，獲證無生）。

古德又有歸攝之法：「若五識不取塵，即無六識；六識無故，七識不生；七識不生故，則無善惡業；無善惡業故，即無生死；無生死故，如來藏心湛然常住。即是六、七識滅，建立八識。」以上佛教背塵合覺、歇即菩提道理，甚明。

佛法難值，《法華經》云：「如優曇鉢華時一現耳！」宜加保握。正信佛教徒以正見（開發般若）爲首，以正精進（頓、漸法門）鞭策，努力不懈，終有出脫之日。佛教是着重自力的宗教，自己需向自己負責。《雜阿含經》云：

「有因有緣集世間（集），有因有緣世間集（苦）；
有因有緣滅世間（道），有因有緣世間滅（滅）。」

緣起之法，若佛出世，若不出世，法爾如是！換言之，佛只能開導我們，而實踐必由自己。觀佛臨入涅槃，誡勉弟子：「當自皈依，皈依於法，勿他皈依。」（《長阿含經》）又如阿難，爲佛堂弟，又是侍者，終佛之世，只證須陀洹果，必待辛勤修行，才獲得阿羅漢果。這些都是我們佛弟子所宜警醒的！

《圓明文集》將印行，前篇「序言」曾就大小乘差異、佛法盛衰，約略引述；茲篇復就流轉、還滅，以及頓、漸法門做個分類。俾初機者更易於揀擇、識別。

末誌宋「普潤大師法雲」法語，與讀者共勉：

「雪山大士，求半偈而施身；法愛梵志，敬四句而析骨。久沈苦海，今遇慈舟；秉志竭誠，采經集論。宜安像前，燒香禮拜；息塵勞之雜念，遊般若之法林。終卷掩帙，攝心靜坐；照元明之本體，復常寂之性源。雖萬有以施爲，然一無而亦絕。」

佛曆二五三五年（一九九一）九月二十三日　釋惟明于圓明靜室

一　釋疑

出《正宗記》

十九祖鳩摩羅多大士，大月氏國婆羅門子。既得法眼，至中天竺國，有大士名闍夜多，問曰：「我家父母素信三寶，而常縈疾瘵，凡所營作皆不如意，而我鄰家久為旃陀羅行，而身常勇健，所作和合。彼何幸？而我何辜？」

祖曰：「何足疑乎？且善惡之報，有三時焉。凡人但見仁夭，暴壽，逆吉，義凶，便謂無因果、虛罪福。殊不知影響相通，毫釐靡忒，縱經百千萬劫亦不磨滅。佛說業通三世者，蓋以前世所作善業，而報在此生；此生苟為不善，則應在來世。故人有此生雖為善，而不得其福者，前惡之報勝也。今世雖作惡，而不受其殃者，前善之勝也。苟以今生非得福報，復務為惡，而來世益墮惡趣也。苟以此世得其福報，復務為善，而來世益得善趣也。又前世為善，其德方半，而改志為惡，及此生也，先福而後禍。此生為惡，其事方半，而變行為善，及來世也，先禍而後福。今汝父與汝之鄰，其善惡之應不以類至，蓋先業而致然也！豈可以一世求之耶？」

時闍夜多聞是語已，頓釋所疑。

祖曰：「汝雖已信三世之業，而未明：業從惑生；惑因識有；識依不覺；不覺依心。然心本清淨：無生滅、無造作、無報應、無勝負、寂寂然、靈靈然，汝若入此法門，可與諸佛同矣！一切善、惡、有爲、無爲，皆如夢幻。」

闍夜多承言領旨。

按：鳩摩羅多入滅當此土新莽十四年（西元二二年）。

二 與苕華書（出隋《歷代三寶紀》）

東晉・竺僧度

東晉哀帝世，沙門竺僧度，本姓王，名晞，字玄宗，東莞人。雖少出孤微，而天姿秀發，至年十六，神情爽拔，卓爾異人，性善溫和，鄉鄰所羨，獨居事母以孝節聞，登娉同郡楊德慎女，乃衣冠家族，女字苕華，容貌端正，又善《墳》、《史》，與度同年。初造婚時，即相然許，未及成禮，苕華母亡，頃父又終，度母亦卒。度見世代無常，忽然感悟，即捨俗出家，改名僧度。抗迹塵表，避地遊學。苕華服畢，自惟有三從之義，無獨立之道。乃與度書，謂髮膚不可毀傷，宗祀不可頓廢。令其顧世教、改遠志，曜翹爍之姿，於盛明之世，遠休祖考之靈，近慰人情之願。并贈詩五首。其一篇曰：

大道自無窮，天地長且久。
巨石故叵消，芥子亦難數。
人生一世間，飄若風過牖。

榮華豈不茂，日夕就凋朽。
川上有餘吟，日斜思鼓缶。
清風可娛耳，滋味可適口。
羅紈可飾軀，華冠可耀首。
安事自剪削，耽空以害有。
不道妥區區，但令君恤後。

度答書曰：「夫、事君以治一國，未若弘道以濟萬邦；事親以成一家，未若弘道以濟三界。髮膚不毀，俗中之近言耳；但吾德不及遠，未能兼被，以此爲愧！然積簣成山，亦冀從微之著也！且被袈裟，振錫杖，飲清流，詠般若，雖公王之服，八珍之膳，鏗鏘之聲，煒燁之色，不與易也！若能懸契，則同期於泥洹矣。且人心各異，有若面焉，卿之不樂道，猶我之不慕俗矣！楊氏長別離矣，萬世因緣於今絕矣，歲聿云暮，時不我與。學道者當以日損爲志，處世者當以及時爲務。卿年德並茂，宜速有所慕，莫以道士經心，而坐失盛年也。」又報詩五篇。其一曰：

機運無停住，倏忽歲時過，
巨石會當竭，芥子誰云多。

良由去不息，故令川上嗟。
不聞榮啟期〔註〕，皓首發清歌。
布衣可暖身，誰論飾綾羅。
今世雖云樂，當奈後生何。
罪福良由己，寧云己恤他。

度既志懷匪石不可迴轉，苕華感悟亦起深信。度於是專精佛法，講味羣經，所以著〈旨歸〉，釋阿毗曇也。

〔註〕榮啟期：春秋時人。鹿裘帶索，鼓琴而歌。孔子見於泰山，問曰：「先生何樂也？」對曰：「吾樂甚多：天生萬物唯人為貴，吾得為人，一樂也；男女之別，男尊女卑，吾得為男，二樂也；人生有不見日月不免襁褓者，吾行年九十矣，三樂也。貧者士之常，死者民之終，居常以待終，何不樂也？」見《列子．天瑞》。

三　與太山朗和上書

北魏・拓跋珪

竺僧朗，京兆人也，專以講說爲任，而疏食布衣，志耽物外，自皇始元年移上太（泰）山剃茅居之，時聞風而造者百有餘焉。道德凝懷，千里哲人競湊；芳聲播遠，六朝天子移風。貢物飛符，孰能並駕。（天子書問，朗並作答，見《廣弘明集》）

皇帝敬問太山朗和上：承妙聖靈，要須經略，已命元戎！上人德同海嶽，神算遐長，冀助威謀，克寧荒服。今遣使者，送素絹二十端、白氈五十領、銀鉢二枚。到願受納。

又

晉・司馬昌明

皇帝敬問太山朗和上：叡德光時，飛聲東嶽，靈海廣淹，有生蒙潤。大人起世，善翼匡時，輒申經略，懸稟妙算。昔劉曜創荒，戎狄繼業，元皇龍飛，遂息江表。舊京淪没，神州傾蕩，蒼生荼蓼，寄在左衽。每一念至，嗟悼朕心，長驅魏、趙，掃平燕、代！今龍旗方興，剋復伊洛，思與和上，同養羣生。至人通微，想明朕意。今遣使者送五色珠像一軀、光錦五十匹、象牙簟五領、金鉢五枚。到願受納。

又

前秦．苻堅

皇帝敬問太山朗和上：大聖膺期，靈權超逸，蔭蓋十方，化融無外。若山海之養羣生，等天地之育萬物，養存生死，澄神寂妙。朕以虛薄，生與聖會，而隔萬機，不獲輦駕。今遣使人，安車相請，庶冀靈光，迴蓋京邑。今并奉紫金數斤，供鍍形像，緒綾三十匹，奴子三人可備洒掃。至人無違，幸望納受。想必玄鑒，見朕意焉。

又

燕・慕容垂

皇帝敬問太山朗和上：澄神靈緒，慈蔭百國，凡在含生，孰不蒙潤。朕承籍纂統，方夏事膺：昔蜀不恭，魏武含慨，今二賊不平，朕豈獲安！又元戎剋興，征掃暴亂，至人通靈，隨權指化。願兵不血刃，四海混伏。委心歸誠，久敬何已。今遣使者，送官絹一百匹、袈裟三領、綿五十斤。幸爲咒願。

又

南燕・慕容德

皇帝敬問太山朗和上：遭家多難，災禍屢臻。昔在建熙，王室西越，賴武王中興，神武御世。大啓東夏，拯拔區域，遐邇蒙蘇，天下幸甚。天未忘災，武王即晏，永康之始，西傾東蕩，京華主上播越，每思靈闕，屏營飲淚！朕以無德，生在亂兵遺民，未幾繼承天祿。幸和上大恩，神祇蓋護。使者送絹百匹，并假東齊王、奉高山茌二縣封給。書不盡意，稱朕心焉。（朗讓王而取租稅，為興福業）

又

後秦・姚興

皇帝敬問太山朗和上：勲神履道，飛聲映世，休問遠振，常無已已。朕京西夏，思濟大猷，今關未平，事唯左右。已命元戎，剋寧伊洛。冀因斯會，東封巡省。憑靈仗威，須見指授。今遣使者，送金浮圖三級、經一部、寶台一區。庶望玄鑒，照朕意焉。

四　釋曇無竭傳（求法）

出《梁高僧傳》

釋曇無竭，此云法勇，姓李，幽州黃龍人也。幼爲沙彌，便修苦行、持戒、誦經，爲師僧所重。嘗聞法顯等躬踐佛國，乃慨然有忘身之誓！遂以宋永初元年，招集同志沙門僧猛、曇朗之徒二十五人，共齎幡蓋供養之具，發迹北土，遠適西方。

初至河南國，仍出海西郡，進入流沙，到高昌郡。經歷龜茲、沙勒諸國。登葱嶺，度雪山，障氣千重，層冰萬里，下有大江，流急若箭。於東西兩山之脅，繫索爲橋，十人一過，到彼岸已，舉煙爲幟，後人見煙，知前已度，方得更進。若久不見煙，則知暴風吹索，人墮江中。

行經三日，復過大雪山，懸崖壁立，無安足處。石壁皆有故杙（杙音弋，木樁），孔處相對，人各執四杙，先拔下杙，手攀上杙，展轉相攀，經日方過。及到平地，相待料檢，同侶失十二人。

進至罽賓國，禮拜佛鉢。停歲餘，學梵書、梵語。求得《觀世音受記經》梵文一部。

復西行至辛頭那提河，漢言師子口。緣河西入月氏國，禮拜佛肉髻骨，及睹白拂木舫。後至檀特山南石留寺；住僧三百餘人，雜三乘學。無竭停此寺受大戒。天竺禪師佛馱多羅，此云覺救，彼土咸云已證果，無竭請爲和上；漢沙門志定爲阿闍梨。

停夏坐三月日，復行向中天竺。界路既空曠，唯賷石蜜爲糧。同侶尚有十三人，八人於路並化，餘五人同行。無竭雖屢經危棘，而繫念所賷觀世音經未嘗暫廢。將至舍衛國，野中逢山象一羣，無竭稱名歸命，即有師子從林中出，象驚惶奔走。後渡恆河，復值野牛一羣，鳴吼而來，將欲害人，無竭歸命如初；尋有大鷲飛來，野牛驚散，遂得免之。其誠心所感，在險剋濟，皆此類也。

後於南天竺隨舶汎海達廣州。所歷事迹，別有記傳。其所譯出《觀世音受記經》，今傳于京師。後不知所終。

附 誡看經

晉宋齊梁唐代間，高僧求法出長安。
去時幾百歸無十，後輩那知前輩難。
雪嶺崎嶇侵骨冷，沙河洶湧刮毛寒。
今人不委經來歷，往往將經容易看。

唐・義淨三藏

五 懺悔文

梁•沈約

弟子沈約稽首，上白諸佛衆聖：

約、自今生以前，至于無始，罪業參差，固非詞象所算，識昧往緣，莫由證舉。

爰始成童，有心嗜慾，不識慈悲，莫辨罪報。以爲毛羣魪品，事允庖廚，無對之緣，非惻隱所及。晨剉暮爚，亙月隨年，嗛腹填虛，非斯莫可。

兼曩昔蒙稚，精靈靡達，遨戲之間，恣行夭暴。蠢動飛沈，罔非登俎，儻相逢值，橫加剿撲。卻數追念，種彙實蕃，遠憶想間，難或詳盡。

又暑月寢臥，蚊虻噆膚，忿之于心，應之于手。歲所殲殞，略盈萬計，手因忿運，命因手傾。爲殺之道，事無不足，迄至于今，猶未頓免。

又嘗竭水而漁，躬事網罟。牽驅事卒，歡娛賞會。若斯等輩，衆夥非一。

黨隸賓遊，慫恿交互，或盜人園實，或攘人豢養。弱性蒙心，隨喜贊悅，受分吞臟，皎然不昧。性愛墳典，苟得忘廉，取其非有，卷將二百。

又綺語者衆，源條繁廣。假妄之愆，雖免大過，微觸細犯，亦難備陳。

又追尋少年，血氣方壯，習累所纏，事難排壑。淇水上宮，誠無云幾，分桃斷袖，亦足稱多。此實生死牢阱，未易洗濯。

志有慘、舒，性所同稟。遷怒過直，有時或然。厲色嚴聲，無日可免。

又言謔行止，曾不尋研，觸過斯發，動淪無記。終朝紛擾，薄暮不休，來果昏頑，將由此作。前念甫謝，後念復興，尺波不息，寸陰驟往。愧悔攢心，罔知云厝（通措）。

今於十方三世諸佛前，見在衆僧大衆前，誓心剋己，追自悔責。收遜前愆，洗濯念慮，校身諸失，歸命天尊。

又尋：七尺所本，八微是構，析而離之，莫知其主。雖造業者身，身隨念滅，而念念相生，離續無已。往所行惡，造既由心，行惡之時，其心既染。既染之心，雖與念滅，往之所染，即成後緣。若不本諸真諦，以空滅有，則染心之累，不卒可磨。今者興此愧悔，磨昔所染，所染得除，即成空性。其性既空，庶罪無所託。布髮頂禮，幽顯證成！此念一成，相續不斷，日磨歲瑩，生生不休，迄至道場，無復退轉。

又彼惡加我，皆由我昔加人，不滅此重緣，則來惡彌遘。當今斷絕，永息來緣。

道無不在，有來斯應，庶藉今誠，要之咸達。

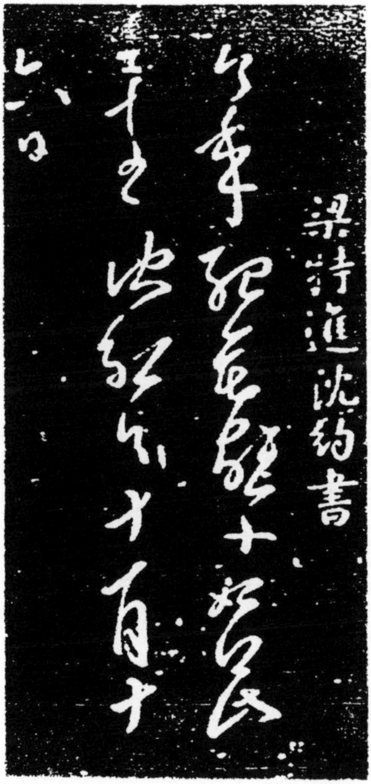

沈約手跡（西元四四一～五一三年）

六　諫仁山深法師罷道書

陳・徐陵

竊聞：「出家閑曠，猶若虛空；在俗籠樊，比於牢獄。」非但經有明文，亦自世間共見。瞽聞法師覆彼舟航，趣返緇衣之務。此爲目下之英奇，非久長之深計！何以知然？從苦入樂，未知樂中之樂；從樂入苦，方知苦中之苦！弟子素以法師雖無囊舊，相知已來亦復不疎。夫良藥必自無甘，忠諫者決乎逆耳；倚見其僻，是以不忍不言！且三十年中造莫大之業（白業），如何一旦捨已成之功：孰爲可惜！敬度高懷，未解深意，將非帷幄之策欲集留侯（張良）、形類臥龍（孔明）遠求葛氏？黃石兵法寧可再逢，三顧茅廬無由兩遇！封爵五等唯見不逢，中閣外門難朱易白；嗚笳鳳管非有或聞，舞女歌姬空勞反翫。覓之者等若牛毛，得之者譬猶牛角，以此之外何所窺窬！法師今若退轉，未必有一稱心！交失現前十種大利！何者：

佛法不簡細流，入者則尊，歸依則貴。上不朝天子，下不讓諸侯。獨翫世間，無爲自在。其利一也。

身無執作之勞，口餐香積之飯。心不妻妾之務，身飾毱摩之衣。朝無踐境之憂，夕不干里之苦。俯仰優游，寧不樂哉！其利二也。

躬無任重，居必方城。白壁朱門，理然致敬。夜琴晝瑟，是自娛懷。曉筆暮詩，論情頓足。其利三也。

假使棘生王路，橋化長溝，巷吏、門兒何因仰喚；寸絹不輸官庫，斗米不進公倉，庫部、倉司，豈須求及。其利四也。

門前擾擾，我且安眠。巷裡云云，余無驚色。家休小大之調，門停强弱之丁。入出隨心，往還自在。其利五也。

出家無當之僧，猶勝在俗之士！假使心存殺戮，手無斷命之愆；密裡通情，泱勝酌然嬌俗！如斯煩垢萬倍勝於白衣！一入愛河，永沈無出。其利六也。

聽鐘鼓而致敬，尋香馥以生心。朝睹尊儀，暮披寶軸。剎那之善逐此而生，水滴微功漸盈大器。未知因緣果報，善惡皎然。就此而言，其利難陳矣！假使達相白衣，猶有埃塵之務；縱令遙寄彈指，遠近低頭，形去心留，身移意往：闋有者得如此，貧苦者永無因！近在目前，不言可見。其利七也。

山間樹下故自難期，枕石漱流實爲希有！猶斯之類不可思議，如此者難逢，一心人希遇。法師未能不學，交習聽勝之因，一旦退心，於理邈矣！其利八也。

開織成之帙，見過去之因；摛（音痴，舒也）琉璃之卷，驗當來之果。識因、識業不以爲慵；知福，知報何由作罪？上無舟檝交見沒溺之悲，下失浮囊則有沈身之患。其利九也。

曠濟羣品，爲天人之師，水陸空行，皆所尊貴。言必闍梨、和上，書輒致敬、和南。遠近嗟詠，貴賤顒仰！法師今必退轉，立成可驗——纔脫袈裟，逢人輒稱汝我；始解偏袒，姓名便亦可呼！平交故自不論，下劣者亦恐不讓！其利十也。

略言十事，空失此機。其間深道，寧容具述！仰度仁者，心居魔境爲魔所迷，意附邪途受邪易性。假使眉如細柳，何足關懷；頰似紅桃，詎能長久。同衾分枕，猶有長信之悲；坐臥忘時，不免秋胡之怨。洛川神女，尚復不惑東阿；世上斑姬，何關君事。夫心者面焉，若論繾綣，則共氣共心；一過纏綿，則連宵厭起。法師未通返照，安悟賣花；未得他心，那知彼意。

嗚呼！桂樹遂爲巨火所焚，可惜明珠乃受淤泥埋沒！弟子今日橫諂，必爲法師所哂。世上白衣何訾何限，且一人退道而不安危，推此而言實成難解。譬如瓦礫盈路，人所不驚；片子黃金，萬夫息步！正言法師入道之功已備，染俗之法未加：何異金搏赤銅、銀換鉛錫。可悲！可惜！

猶可優量，能忍難忍，方知其最！願棄俗事，務息塵勞，正念相應，行志兩全。薄加詳慮，更可思惟，悔之在前，無勞後恨。如弟子算，遠即十數年中，決知惻愴；近即三五歲內，空唱如何。萬恨萬悲，寧知遠及；自誤自惜，永棄一生。乃知斷絃可續，情去難留。

或若火裡生花，可稱希有；迷人知返，去道不遙。幸速推排，急登正路。法師非是無知，遂爲愚者所迷；類似阿難，便爲魔之所嬈。猶須承三寶之力，制彼羣凶；豎波若（般若）之幢，天魔自款。

若此言旨當，即便寄棄蒭蕘；若不會高懷，幸停深怪耳。

七　觀心誦經法

隋・天台智顗

夫欲誦經滅罪：

第一、先須盥漱，整肅威儀，別座跏趺而坐。

第二入觀：觀所坐之座，高廣嚴好；次觀座下，皆有天龍八部，四衆圍繞聽法。次須運心作觀。

觀我能爲法師，傳佛正教，爲四衆說。想所出聲，非但此一席衆，乃至十方，皆得聽受。名爲假觀。

次觀能說之人，所誦之經，何者是經？爲經卷是？爲紙墨是？爲標軸是？誦音爲口出？爲齦齶和合而出？爲有我身？爲無我身？誰是誦者：爲心是誦？爲口是誦？爲和合出？觀此四衆：爲是實有？爲從想生？四衆非有，無我能誦。是名空觀。

雖無所誦之經，而有經卷、紙墨、文字；雖無能誦之人，而有我身爲四衆宣說；雖非內外，不離內外；雖非經卷，不離經卷；雖非身口，不出身口。從始至終，必無差謬，名不可思議。能作此解，能作此觀，名為三觀於一心中得，不前不後，三觀宛然。

雖無施者，而有法施；雖無受者，四衆炳然；雖無法座，登座宣說；非一二三，而一二三，名為法施檀波羅蜜。專心誦持，無諸遮礙，名為持戒。忍耐惡覺，名聞財利，皆不能惱，名之為忍。一心不息，從始至終，無有懈怠，名為精進。專念此經，無有愛味，名之為禪。分別無謬，序、正、流通無不諦了，句文分明，名為般若。是名六波羅蜜具足。

自行此經，名之為實；傳授外人，名之為權。

若能一生以此成辦功德，於無始心名為正因；仍有觀心，名為了因；高座為四衆說授，名為緣因。

三觀具足，若觀未明，但是性德。研之不已，觀心相應，名托聖胎，以胎業成就，名為修德。中間四十一位，亦修亦性，至於極果，名為種智。伊字三點，不縱不橫，名大涅槃；能到彼岸，名第一義空、平等大慧。

是名誦經正觀！三世諸佛無不從此而生！信者可施，無信莫說。

第三言流通者：若自調度，不名爲慈，見苦不救，不名爲悲；既修正觀現前，復應莊嚴法界。所誦經竟，出觀之後，以此運觀功德，已登正覺者，願廣度衆生，入位之人，悉登上地；未入位者，即運慈悲二法，願未來世，共成正覺。

八 懺悔（代北周武帝）

隋文帝

開皇十三年十二月八日，隋皇帝佛弟子楊堅，敬白十方盡虛空遍法界，一切諸佛，一切諸法，一切諸大賢聖僧。

仰惟：如來慈悲，弘道垂教，救拔塵境，濟度含生，斷邪惡之源，開仁善之路，自朝及野，咸所依憑。屬周代亂常，侮蔑聖跡，塔宇毀廢，經像淪亡，無隔華夷，掃地悉盡。致使愚者無以導昏迷，智者無以尋靈聖。弟子往藉三寶因緣，今膺千年昌運，作民父母，思拯黎元。重顯尊容，再崇神化，頹基毀跡，更事莊嚴，廢像遺經，悉令雕撰。

雖誠心懇到，猶恐未周，故重勤求，令得顯出。而沈頓積年，污毀非處，如此之事，事由弟子。今於三寶前，至心發露懺悔。周室除滅之時，自上及下，或因公禁，或起私情，毀像、殘經、慢僧、破寺，如此之人，罪實深重！今於三寶前，悉爲發露懺悔，敬施一切毀廢經像絹十二萬疋，皇后又敬施絹十二萬疋，王公以下爰至黔黎人等敬施錢百萬。願一切諸佛，一切諸法，一切諸大賢聖僧，爲作證明，受弟子懺悔。

唐太宗〈溫泉銘〉手跡（西元五九九～六四九年）

九　佛遺教經施行敕

唐太宗

法者，如來滅後，以末代澆浮，付囑國王大臣，護持佛法。然僧尼出家，戒行須備。若縱情淫佚，觸塗煩惱，關涉人間，動違經律，既失如來玄妙之旨，又虧國王受付之義。

《遺教經》者，是佛臨涅槃所說，誡勸弟子，甚爲詳要。末俗緇素，並不崇奉。大道將隱，微言且絕，永懷聖教，用思弘闡。宜令所司，差書手十人，多寫經本，務在施行。所須紙筆墨等，有司準給。其官宦五品以上，及諸州刺史，各付一卷。若見僧尼行業，與經文不同，宜公私勸勉，必使遵行。

一〇 賓主序

唐・南山道宣

夫損己利他者，蓋是僧家之義也；害物安身者，非爲釋子之理也。有賞善罰惡之能，斷是非不平之事。若是先人後己，契諸佛之慈心；如或爾死我活，乖六和之妙行。

爲主者，倘存仁義，感十方衲子之雲臻；若乃私受人情，招千里惡名之遠播。爲賓者，懷恭執禮，有義而到處安身；苟取狂圖，無義而隨方惹怨。

今者，幸生中國，得賴空門。脫萬丈之火坑，拋千重之羈網，如囚出獄，似鳥開籠。履布金積善之場，住七寶無殃之地，天龍恭敬，神鬼欽崇。非桑蠶而著好衣，不耕田而飡美饌。

何須：結怨饕利，非理圖財，求蝸角之虛名，閉人天之坦路。取龜毛之小利，穿地獄之深坑，積恨結於今生，受波吒於後世。縱使滿堂金玉，牽纏自己愚身；直饒羅綺盈箱，鬥亂子孫業重。少求儉用，免逼迫於心田，知足除貪，播馨香於意地。

或住梵剎，或挂雲堂，莫論他非，但省己過。若有才高之者，把三藏以研窮；志淺之流，覽五乘而課誦。切莫口行慈善，肚裡刀鎗；面帶笑容，心藏劍戟。貧者不恤，老者不憐；忘慈親鞠養之深恩，乖師長提攜之厚德。如斯之意，退十方檀越之信心；執假迷真，惹四海英賢之譏誚。

是以：丁寧勸諭，仔細精專。聞之者，破我慢之高山；覽之者，塞昏迷之巨海。皆希稟信，普願回心；只宜來世勝今生，莫遺今生勝來世。奉勸大衆，疾須覺知；大限臨頭，悔之莫及。

一一　釋迦如來成道記

唐・王勃

觀夫釋迦如來之垂迹也，淨法界身，本無出没，大悲願力，示現受生。洎兜率陀天，爲護明菩薩，降迦毗羅國，號一切義成，金團天子選其家，淨飯聖王爲其父。玉象乘日，示來於大術（摩訶摩耶，華言大術，佛母）胎中；金輪作王，創誕於無憂樹下。八十種隨形之妙好，粲若芬花；三十二大士之相儀，皎如圓月。十方而各行七步，九水而共沐一身；現優曇花，作獅子吼。言胎分之已盡，早證常身；爲度生以還來，今垂化迹。

於是：還羈襁褓，示類嬰兒。爲占相也，悲悵於阿私陀仙（悲己老邁，未及見佛成道）；往郊祠也，驚起於大自在廟（佛威力故）。或爲童子，或學聲明。爲講武也，箭塔、箭井猶存；爲捔力也，象迹、象坑仍在。

受欲樂於十歲，現遊觀於四門，樂沙門身，厭老病死。於是澡鉼天子以警覺，彰伎女之醜容；淨居天人以捧持，躍車匿而嚴駕。逾春城於八夜（臘八出家），棲雪嶺於六年。人辭、愴戀主之心；馬舐、落連珠之淚。揮寶刀而落紺髮，塔起天宮；將袞服以貿皮衣，形參山鹿。

扣林仙之所得，了世定（四禪、八定）之非真；食麥、食麻，降苦、降樂。且瑤琴奏曲，必目中而曲成；佛果圓因，亦假中而果滿。由是：擇其處也，過龍窟；浴其身也，入連河；示其食也，受難陀之乳糜；示其座也，受吉祥之茆草。以最後之勝體，詣菩提之道場，圓解脫之深因，登金剛之寶座。一百四十功德，不共二乘；八萬四千法門，高超十地。由是魔軍威攝於慈力，愁怖旋歸；媚女敗毒於定心，媸羸變質。於是堅牢地神，踴躍而作證；虛空天子，展轉而報知。類蓮花而出水，赫煥無方；若桂月以懸空，光明洞徹。

經七日，受提謂之麨蜜，警以少小之言；垂一音，授賈客之戒（五戒）、歸（三歸），賜與人天之福。既成佛已，觀所化緣：悲二仙而不遇雷音，喜五人而堪從法化。然以塵根昧劣，聖得淵深，順其法，則法不應根；順其根，則根不達法。莫不爲愛河之長溺，緣癡樂之所盲。苟不利於當聞，仍假言而入滅（《法華》云：「我寧不說法，疾入于涅槃。」）

於是，忉利帝釋，雲驅於三十三天；堪忍界王（大梵天），霧擁於一十八梵。頭面作禮，致敬專精，請轉法輪，勸隨宜說。如來尋念，善逝通規，順古佛之嘉謨，應羣機之鄙欲。於是十方佛現，同興讚美之辭；一法乘分，共創塵勞之域。

由是，起道樹，詣鹿園；三月調根，五人得度。憍陳如悟慈尊之首唱，創解標名；舍利弗逢馬勝以傳言，於途見諦；採菽氏（目犍連）繼踵以師事，率門屬以同歸；迦葉氏彙迹以降心，領火徒而回席。莫不以甘露洪澍，末尼普應。

天界、人界、鷲林、尸林；或鷺池，或鷲嶺，或海甸，或菴園，或獮猴江，或火龍窟；或住波羅奈，或居摩竭提，或依堅固林，或止音樂樹，或海濱楞伽頂，或山際補陀岩，或伽蘭陀竹園，或舍衛國金地；或應念而空現，或没山而出宮，或說法假於六方，或變身而爲三尺，或掌覆指變，或光流佛來，或一身普集於多身，或此界復明於他界，或變淨而以淨覆穢，或隨俗而即俗明真。若空谷之答響，鴻鐘之待扣已！

其間所說：阿含四有，般若八空；密嚴、華嚴、佛藏、地藏；思益天之請問，楞伽山之語心；萬行首楞嚴、一乘無量義、大悲芬陀利、法炬陀羅尼；無垢稱之說經，須達拏之瑞應。本事、本生之別；諷誦、重誦之殊。象、馬、兔三獸之渡河；羊、鹿、牛三車之出宅。或謂之有，空守中也；或謂之無，轉照持也；或謂之頓也、漸也；或謂之半也、滿也。或無說而常說，或不聞而常聞；或保任而可憑，或加被而不忘。無小而不大，無邊而不中；三乘同入一佛乘，三性同歸一法性。真可謂父母孩孺，導師險夷；懸朗月於幽霄，布慈航於幻海。爲雲、爲雨，使枯槁以還滋；爲救、爲歸，指窮途於壽域。

暨乎：所作已辦，功成不居，將返本以還源，類薪盡而火滅。繇是指力地、詣金河，光流面門，相驚塵剎。山搖地動，俱興苦痛之聲；異類變容，同現奢花之血。受純陀之後供，納毗夜之密言；唱四德以顯三伊，指萬有而歸一性。酬多羅迦葉，四十二請問已周；度須跋陀羅，八十一化緣將畢。破十仙之橫計，使獲朝聞；建四塔之崇規，遐滋末葉。將欲明有爲之有滅，表無相以無生，上升金剛身，往復虛空界。日月其猶墜落，螢火如何久留，誡有常身，使無放逸。

於是，還登玉座，首臥鶴林，遍遊三昧之門，將復一真之性。逆入、順入、全超、半超，依四禪之等持，湛三點之圓寂。是時也，人天叫躃，鳥獸哀啼，飄風驟雲，山吼波逆。案輪王之古式，方俟葬儀；命力士以捧持，竟無能動。繇是金棺自舉，遶拘尸之大城；寶炬不然，駐闍維之盛禮莫不。未生怨（阿闍世王）在於王舍，創結夢於十號慈尊；大迦葉遠下雞峯，獲瞻禮於千輻輪足。畢，以兜羅緻氎，聖火自焚，爇五衆旃檀之薪，注帝釋金瓶之水。彼願力猶在，悲心尚熏，碎金剛之勝身，爲舍利之遺骨。於是八國嚴衞，四兵肅容，各自捧於金壜竟歸，興於寶塔。於是若牙、若髮，迦葉波禮於忉利天宮；或炭、或灰，無憂王建於瞻部洲界。

若乃金言，首在塵劫法存；象王去而象子隨，一燈滅而一燈續莫不。大迦葉雲迎千衆，阿難陀雷吼，三輪商那（三祖商那和修）表定於未來，笈多（四祖優波笈多）化籌而盈室。始自壞粱之感，終乎流乳之徵，瓶器異而水必同，燈點殊而光終一。是以大乘之真空、妙有，文殊、彌勒異其宗；小乘而分氎、拆金，上座、大衆元其部。或十支宏闡，或千部鬱興，馬鳴、龍樹繼其芳；無著、天親播其美。或提婆鑿眸而作器，陳那吼石以飛聲；或百偈齊祛於外宗，或十師翊贊於遺頌；或聞經而夜升兜率，或待佛而窟寄修羅；或劍誓首以要期，或象馱金而請釋；或賞能而食邑，或得勝而建幢；或論般若之理也名燈，或究俱舍之非也名雹。莫不殊途異轍，終會一源，自有及空，咸歸萬德。

自商周見虹貫炎，漢夢金人，教及神州，聲流華夏。勃、叨生季世，獲奉真譚，雖錄續而以敍金言，在飄零而不逢玉相。見聞盡爾，宗致昭然，蓋委遺文，不復備而言也。而爲銘曰：

化起從本源，功成應賢劫，
萬行顯真宗，三祇積鴻業。
為法出於世，降靈示分脅，
眉横天帝弓，目帶青蓮葉。
仙師相垂淚，天神爭捧接，
灌頂當在宮，飛輪化彌恬。
宗承天日貴，象貫師子頰，
善教誰與傳，抨彈獨豪俠。
遊觀驚老死，逾城棄臣妾，
落髮親寶刀，貿衣遇羣獵。
寄迹狎麋鹿，苦身示羸怯，
食麋人盡知，坐草魔方懾。
潔若蓮出水，明如鏡開匣，
山海類高深，雲雷等辭捷。
三時教彌闡，萬類根自愜，

四問聊欲酬，十仙度相躡。
補處記慈氏，遺文囑迦葉，
臥樹徒載春，香薪已焚氎。
悲心及綿遠，舍利光燁燁，
獨我生後時，餘波幸霑涉。

一二 遺書

唐・釋義淨

吾聞乾爲天也，坤爲地也，百億日月翕闢照山河，百億閻浮幽明成晝夜。死生常道，唯聖人之能踰，衰變恆然，豈凡夫之能越。吾漸微弱，汝等未安，慮忽臨終，遺書敘意。

吾禀氣山岳，養志經書，錯綜古今，搜求圖籍。少尋周孔，以禮樂爲常；長習老莊，將恬淡而爲樂。於國有益，於人甚安，不知過去之因，不說未來之果；研精失慮，據賾求微。枯木死灰之言，何足鑿其心眼；玉藻金縢之典，詎可瑩其精神。乍北乍南，每作栖遑之客；或隱或處，頻尚靈白之心。發願出家，投身入道，一歸緇侶，再沐皇恩。

屬天子高居，公卿政事，盛揚佛日，自漢、魏而不同；虔奉釋文，與周、隋而全別。思之琳（法琳）、遠（慧遠），希欲連蹤；想之騰（攝摩騰）、澄（佛圖澄），無妄接影。三藏教迹，將漢地而未圓；十二部經，想中天而可取。年始一十有七，思遊五印之都；歲臨三十有七，願到雙林之境。哀別南去，遠達西征，海路波濤，關山險阻，歷三十之外國，將四百之真經。願爲衆生，志存翻譯，辭八相之靈塔，歸九洛之神州。天子親迎，羣公重法，歡心役思，盡力忘疲。

五聖天波，常遭覆蔭，百年天命，漸自衰微。佛說涅槃，流傳十二分教，余見將死，寧無一二之言。遙想前途，不知幾里，又思生路不知何年。吁吁，嗟嗟，至無至之處所，到不到之境界，取證可知；生不生之形骸，於心尚惑。事既悤迫，恐無暇言。所譯之經，虔敬無盡；未翻之典，愧恨彌深。不得盡本心，不得終本願……；情既恨恨，乃述言焉。

弟子門人，不可具載，略而書矣，望遺傳燈！學戒學律之徒，莫違微細；學論學經之輩，須識邪疑。三學總成佛之上願，一行偏善，吾未喜焉！具圓之人（比丘、比丘尼），觸犯須慎；近圓之者（沙彌、沙彌尼）尊卑有方。講律之流，願無休恩；傳經之士，冀見奉行。若爲寺主綱維，盡身盡命荷護；僧徒慈仁慈忍，尼衆禁戒分明，大須堅固。

汝等如吾言、行吾法，吾若爲石爲土也，即爲汝之屋宅；吾若爲楸爲柏也，覆蔭汝之形容；吾若爲神爲鬼也，即益資汝之精氣；吾若爲花爲藥也，即加備汝之靈壽；吾若爲天爲人也，即以甘脆爲汝之飲食；吾若得道得果也，即以威神令汝之安樂。

汝若違吾語、失吾言：吾若爲石爲土也，汝死而不爲丘墓；若爲楸爲柏也，汝死而不爲棺槨；若爲神爲鬼也，爲祟而不爲荷護；若爲花爲藥也，爲毒而不爲氣力；若爲天爲人也，爲惡而不爲安穩；若得道得果也，怖汝心而不爲伴爲侶——慈之若此，悲之如斯。

崇慶、崇昴、元廓、玄秀、玄叡、慧福等，聰明稟氣，特達奇神，須存鑿壁之功，無使面牆有分。剝皮爲紙，昔菩薩之大心；重法傳經，在汝等之用意。

吾自病已久，鎮臥牀枕，既不瘳損，無復聊生。惠奭、悟道以下返道小者，扶侍辛苦，慚愧唯深。文藝最處老生，汝等偏須優愛。梵本先有表文，付智積、才藝等。百德豐碑，須爲我立；衣鉢、錫杖，持律者收。吾別有語，已屬才藝。

京城貞法師、莊法師、傘法師、恆律師、昭上座、海都師等，天骨神授，器深智達，爲衆生之眼目，作佛法之棟樑。吾貴之重之，感通千萬。東京玄秀、懷秀，及諸州弟子門人：法明、敬忠、慧福等，雖不相見，如上處分。齊州孤妹，諸親眷族，並言好住。慧日、阿湛，相去既遠，吾何忘之，各寫一本，待諸後人。知吾之情，禀吾之意。汝等努力，吾亦自憂耳。（至後夜分寂然而終矣。）

先天二年正月十七日夜二更，鄔波弟耶（此云親教師）付弟子門人智積、崇俊、玄暉、曇傑、寶嚴等。

一三　冥報記敘

唐・唐臨

夫含氣有生，無不有識，有識而有行，隨行善惡而受其報；如農夫之播植，隨所植而收之，此蓋物之常理，固無所可疑也。上智達其本源，知而無見；下愚闇其蹤迹，迷而不返。皆絕言也。中品之人，未能自達，隨緣動見，逐見生疑，疑見多端，各懷異執。釋典論其分別，凡有六十二見：邪倒於是乎生者也。

臨在中人之後，幸而寤其萬一，比見衆人不信因果者說見雖多，同謂善惡無報。無報之說，略有三種：一者自然，故無因果，唯當任欲、待事而已。二者滅盡：言死而身滅，識無所住，身識都盡，誰受苦樂？以無受故，知無因果。三者無報：言見今人，有修道德，貧賤早死；或行兇惡，富貴靈長。以是事故，知無因果。

臨竊謂：儒書論善惡之報甚多，近者報於當時，中者報於累年之外，遠者報於子孫之後。當時報者，若楚子吞蛭，痼疾皆愈；宋公不禱，妖星多退；諄（淖）齒凶逆，旋踵伏誅；趙高惑亂，俄而滅族——之類是也。累年報者，如魏顆嫁妾，終以濟師；孫叔埋蛇，竟享多福；漢幽鴆如意，蒼苟（狗）成災；齊彭殺生，立豕而祟——之類是也。子孫報者，若弗父恭於王命，廣宣尼之道；鄧訓歲活千人，遺和熹之慶；陳平陰計，自知無後；欒黶汰侈，盈被其殃——之類是也。若乃虞舜以孝行登位；周文以仁賢受命；桀、紂以殘忍亡國；幽、厲以淫縱禍終；三代（夏商周）功德，下祚長久；秦皇驕暴，及子而滅——若斯之比，觸類實繁。雖復大小有殊，亦皆善惡之驗。但事法王道，理關天命，常談之際，非所宜言。今之所錄，蓋直取其微細驗，冀以發起同類，貽告子孫，徵於人鬼之間，若斯而已也。

釋氏說教，無非因果！因即是作，果即是報。無一法而非因，無一因而不報。然其說報，亦有三種：一者現報：於此身中作善惡業，即於此身而受報者，皆名現報。二者生報：謂此身作業不即受之，隨業善惡，生於諸道，皆名生報。三者後報：謂過去身作善惡業，能得果報，應多身受；是以現在作業，未便受報，或次、後生受，或五生、十生，方始受之。是皆名後報。於此三報，攝一切法，無所不盡。是今諸見，復然大痞。然今俗士尚有惑之，多習因而忘果，疑耳而信目：是以聞說後報，則若存若亡；見有效驗，則驚嗟信服。

昔，晉高士謝敷，宋尚書令傅高、太子中書舍人報演，齊司徒事中郎陸果，或一時令望，或當代名家，並錄《觀世音應驗記》。及齊竟陵王蕭子良，作《宣驗記》，王琰作《冥祥記》。皆所以徵明善惡，勸戒將來；實使聞者深生感寤。臨既慕其風旨，亦思以勸人，輒錄所聞，集爲此記，仍具陳所受，及聞見由緣。言不飾文，事專揚確，庶後人見者，能留意焉。

唐吏部尚書　唐臨

一四　有唐天下放生池碑銘 并序

唐・顏眞卿

皇唐七葉，我乾元大聖光天文武孝感皇帝（唐肅宗）陛下，以至聖之姿，屬艱虞之運，無少康一旅之衆，當祿山强暴之初！乾鞏勞謙，勵精爲理；推誠而萬方胥悅，克己而天下歸仁。恩信侔於四時，英威達于八表，功庸格天地，孝感通神明。故得回紇、奚霫（奚、霫均北方種族）、契丹、大食、盾蠻之屬，扶服（與匍匐同，言盡力也）萬里，決命而爭先；朔方、河東、平盧、河西、隴右、安西、黔中、嶺南、河南之師，虓闞（盛怒貌，虓音哮）五年，椎鋒而效死。摧元惡如拉朽，舉兩京若拾遺！慶緒遁逃，已蒙赤族之戮；思明跧伏，行就沸鼎之誅。拯已墜之皇綱，據再安之宗社，迎上皇於西蜀，申子道於中京。一日三朝，大明天子之孝；問安侍膳，不改家人之禮。蒸蒸然，翼翼然，眞帝皇之上儀，誥誓所不及已！歷選內禪，生人以來，振古及隨，未有如我皇帝者也！

而猶嫗煦萬類，憂勤四生，乃以乾元二年歲次已亥春三月己丑，端命左驍衛右郎將史元琮、中使張廷玉，奉明詔，布德音，始於洋州之興道，洎山南、劍南、黔中、荊南、嶺南、江西、浙西諸道，迄于昇州之江寧秦淮太平橋，臨江帶郭，上下五里，各置放生池，凡八十一所。蓋所以宣皇明，而廣慈愛也！《易》不云乎：「信及豚魚。」《書》不云乎：「鳥獸魚鼈咸若。」古之聰明、睿智、神武而不殺者，非陛下而誰！昔殷湯克仁，猶存一面之網；漢武垂惠，纔致銜珠之答。雖流水救涸，寶勝稱名，蓋事止於當時，尚介祉於終古；豈我今日動者、植者、水居、陸居，舉天下以爲池，罄域中而蒙福！乘陀羅尼加持之力，竭煩惱海生死之津！揆之前古，曾何彷髴。

微臣，職忝方面，生丁盛美，受恩浸深，無以上報，謹緣皐陶（虞舜臣，造律立獄）、奚斯（春秋人），歌虞頌魯之義，述天下放生池碑銘一章。雖不足雍容明聖萬分之一，亦臣之情懇也！敢刻金石，著其辭曰：

明明皇帝，臨下有赫，
至德光大，乾元啟曠。
緯武戡亂，經文御歷，
孝感神明，義形金石。

仁覆華夏，恩加蠻貊，
道冠巍巍，威深虩虩。（虩虩，恐懼貌）
遘茲多難，克廣丕績，
慶緒致誅，史明辟易。
人道助順，天道惡逆，
撲滅之期，非朝伊夕。
乘此寶祚，永康宗祐，
業盛君親，功崇列辟。
交禪之際，粲然明白，
迴映來今，孤高往策。
去殺流惠，好生立辟，
率土之濱，臨江是宅。
遂其生性，庇爾鱗翮，
環海為池，周天布澤。
致茲忠厚，罔弗怡懌，

動植依仁，飛沈受護。
流水長者，從稱往昔，
寶勝如來，疇庸允格。（亦作酬庸，報功也）
德力無競，慈悲孔碩，
相時傳聞，尚賴弘益。
矧在遭遇，其忘斆鍚，
真卿勒銘，敢告凡百。

一五　聖安寺無姓和尚碑

唐・柳宗元

維年月日，岳州大和尚終於聖安寺。凡爲僧若干年，年若干。有名無姓；世莫知其閭里、宗族、所設施者。有問焉，而以告曰：「性吾姓也！其原無初，其冑無終，承於釋師，以系道本：吾無姓邪。法劍云者，我名也：實且不有，名惡乎存，吾有名邪。性海吾鄉也，法界吾宇也，戒爲之墉，慧爲之門，以守則固，以居則安，吾閭里不具乎。度門、道品，其數無極，菩薩、大士、其衆無涯，吾與之戚而不吾異也；吾宗族不大乎。」其道可聞者如此。

而止讀《法華經》、《金剛般若經》，數逾千萬！或譏以有爲，曰：「吾未嘗作！」嗚呼！佛道逾遠，異端競起，惟天台大師爲得其説，和尚紹承本統，以順中道，凡受教者，不失其宗。生物流動，趣向混亂，惟極樂正路爲得其歸。和尚勤求端慤，以成至願，凡聽信者，不惑其道。或譏以有迹，曰：「吾未嘗行。」

始居防州龍興寺，中徙居是州，作道場於楞伽北峯，不越閫者五十祀。和尚凡所嚴事，皆世高德。始出家事而依者曰卓然師，居南陽立山，葬岳州。就受戒者曰道穎師，居荊州。弟子之首曰懷遠師，居長沙安國寺爲南岳戒法，歲來侍師。會其終，遂以某日，葬於卓然師塔東若干步。

銘曰：

道本於一，離為異門。
以性為姓，乃歸其根。
無名而名，師教是尊。
假以示物，非吾所存。
大鄉不居，大族不親。
淵懿內朗，沖虛外仁。
聖有遺言，是究是勤。
惟動惟默，逝如浮雲。
教久益微，世罕究陳。
爰有大智，出其真門。
師以顯示，俾民惟新。

情動生變，物由湮淪。
爰授樂國，參乎化源。
師以誘導，俾民不昏。
道用不作，神行無迹。
晦明俱如，生死偕寂。
法付後學，施之無斁。
葬從我師，無忘真宅。
寫是昭銘，刻茲真石。
（斁音亦，厭也）

柳宗元手跡（西元七七三～八一九年）

一六 頓悟大乘政理決敘

唐・王錫

自釋迦化滅，年代逾遠，經編貝葉，部帙雖多，其或真言，意兼祕密，理既深邃，非易涯津。是乃諸部競興，邪執紛紜。爰有小乘淺智，大義全乖，肆熒火之微光，與太陽而爭耀。

厥茲蕃國（吐蕃，亦作吐番，今西藏地），俗扇邪風，佛教無傳，禪宗莫測。粵我聖贊普（藏語君長，此指棄松德贊），夙植善本，頓悟真筌，愍萬性以長迷，演三乘之奧旨。固知真違言說，則乘實非乘，性離有無，信法而非法。蓋隨世諦，廣被根機，不捨聲聞，曲存文字。頒傳境內，備遣精修，交聘鄰邦，大延龍象。於五天竺國，請婆羅門僧（蓮花生）等三十人。於大唐國，請漢僧大禪師摩訶衍等三人。會同淨域，互說真宗。

我大師密授禪門，明標法印，皇后沒盧氏，一自虔誠，劃然開悟，剃除紺髮，披掛緇衣，朗戒珠於情田，洞禪宗於定水，雖蓮花不深，猶未足爲喻也。善能爲方便，化誘生靈，常爲贊普姨母悉囊南氏及諸大臣夫人三十餘人說大乘法，皆一時出家矣；亦何異波闍波提爲比丘尼之唱首爾。又有僧統大德寶真，俗本姓鵖禪師，律不昧於情田，經論備談于口海，護持佛法，倍更精修，或支解色身，曾非嬈動，並禪習然也。又有僧蘇毗王嗣子須伽提，節操精修，戒珠明朗，身披百衲，心契三空。謂我大師曰：「恨大師來晚，不得早聞此法耳。」

首自申年（唐德宗貞元八年壬申，西元七九二），我大師忽奉明詔曰：「婆羅僧等奏言：漢僧所教授頓悟禪宗，並非金口所說，請即停廢。」我禪師乃猶然而笑曰：「異哉！此土衆生，豈無大乘種性，而感魔軍嬈動耶？爲我所教禪法，不契佛理，而自取殄滅耶？」悲愍含靈，泫然流淚。遂於佛前恭虔稽首而言曰：「若此土衆生，與大乘有緣，復所開禪法不謬，請與小乘論議，商榷是非，則法鼓振而動乾坤，法螺吹而倒山岳；若言不稱理，則願密迹金剛，碎貧道爲微塵聖主之前也。」於是奏曰：「伏請聖上，於婆羅門僧，責其問目，對相詰難，校勘經義，須有指歸，少似差違，便請停廢。」帝曰：「俞！」

婆羅門僧等，以月繫年，搜索經義，屢奏問目，務掇瑕疵。我大師乃心湛真筌，隨問便答，若清風之卷霧，豁睹遙天；喻寶鏡以臨軒，明分衆像。婆羅門等隨言理屈，約義詞窮；分已摧鋒，猶思拒轍，遂復眩惑大臣，謀結朋黨。有吐番僧乞奢彌尸、毗磨羅等二人，知身聚沫，深契禪機爲法捐軀，何曾顧己，或頭燃熾火，或身解霜刀，曰：「吾不忍見朋黨相結，毀謗禪法。」遂而死矣。又有吐番僧三十餘人，皆深悟真理，同詞而奏曰：「若禪法不行，吾等請盡脫袈裟，委命溝壑。」婆羅門等乃瞪目卷舌，破膽驚魂，顧影修牆，懷慚戰股。既小乘轍亂，豈復能軍，看大義旗揚，猶然賈勇。至戌年（貞元十年甲戌）正月十五日，大宣詔命曰：「摩訶衍所開禪義，究暢經文，一無差錯，從今已後，任道俗依法修習。」

　　小子非才，大師徐謂錫曰：「公，文墨者，其所問，頗爲題目，兼制敍焉。」因目爲《頓悟大乘政理決》。

〔註〕《頓悟大乘政理決》莫高窟發現，撰序者王錫署銜為「前河西觀察判官朝散大夫殿中侍御史」。

一七　警策

唐・溈山靈祐

夫業繫受身，未免形累；稟父母之遺體，假衆緣而共成；雖乃四大扶持，常相違背，無常老病不與人期，朝存夕亡，剎那異世。譬如春霜曉露，倏忽即無；岸樹井藤，豈能長久。念念迅速，一剎那間，轉息即是來生！（示色身大患）

何乃晏然空過？父母不供甘旨，六親固以棄離；不能安國治邦，家業頓捐繼嗣；緬離鄉黨，剃髮稟師；內勤克念之功，外弘不諍之德，迥脫塵世，冀期出離。何乃纔登戒品，便言我是比丘，檀越所須；喫用常住，不解忖思來處，謂言法爾合供。喫了聚頭喧喧，但說人間雜話！然則，一期趁樂，不知樂是苦因！曩劫循塵，未嘗返省，時光淹沒，歲月蹉跎；受用殷繁，施利濃厚，動經年載，不擬棄離，積聚滋多，保持幻質。導師有敕，誡勗比丘，進道嚴身，三常不足；人多於此，耽味不休，日往月來，颯然白首！後學未聞旨趣，應須博問先知；將謂出家，貴求衣食。佛先制律，啓創發蒙，軌則威儀，淨如冰雪；止持作犯，束斂初心，微細條章，革諸猥弊。毗尼法席，曾未叨陪，了義上乘，豈能甄別？可惜一生空過，後悔難追！教理未嘗措懷，玄道無因契悟！

及至年高臘長，空腹高心，不肯親附良朋；惟知倨傲，未諳法律，戢斂全無。或大語高聲，出言無度；不敬上中下座，婆羅門聚會無殊！碗鉢作聲，食畢先起，去就乖角，僧體全無，起坐忪諸（忪音中。忪諸：心神不寧之謂），動他心念；不存些些軌則，小小威儀，將何束斂後昆？新學無因倣傚！纔相覺察——便言我是山僧，未聞佛教行持——一向情存麤糙！如斯之見，蓋爲初心慵惰，饕餮因循，荏苒人間，遂成疏野。不覺龍鍾老朽，觸事面牆；後學咨詢，無言接引；縱有談說，不涉典章。或被輕言，便責後生無禮；瞋心忿起，言語駭人！

一朝臥疾在牀，衆苦縈纏逼迫；曉夕思忖，心裡憧惶：前路茫茫，未知何往？從茲始知悔過：臨渴掘井奚爲！自恨早不預修，年晚多諸過咎！臨行揮霍，怕怖憧惶；縠穿雀飛，識心隨業，如人負債，強者先牽，心緒多端，重處偏墜！無常殺鬼，念念不停，命不可延，時不可待；人天三有，應未免之！如是受身，非論劫數！感傷歎訝，哀哉切心！豈可緘言，遞相警策！

所恨同生像季，去聖時遙，佛法生疏，人多懈怠。略申管見，以曉後來；若不

蠲矜（蠲矜，蠲除舊習，矜持素行），誠難輪逭！（輪逭，轉身而逃，喻出生死輪迴）（右懲出家流弊）

夫出家者：發足超方，心形異俗，紹隆聖種，震懾魔軍，用報四恩，拔濟三有；若不如此，濫廁僧倫！言行荒疏，虛霑信施；昔年行處，寸步不移，恍惚一生，將何憑恃？況乃堂堂僧相，容貌可觀，皆是夙植善根，感斯異報；便擬端然拱手，不貴寸陰？事業不勤，功果無因克就；豈可一生空過，抑亦來業無裨！

辭親決志披緇，意欲等超何所？曉夕思忖，豈可遷延過時！心期佛法棟樑，用作後來龜鑑：常以如此，未能少分相應！出言須涉典章，談說乃傍於稽古；形儀挺特，意氣高閒。遠行要假良朋，數數親於耳目；住止必須擇伴，時時聞於未聞。故云：「生我者父母，成我者朋友。」親附善者，如霧露中行；雖不濕衣，時時有潤。狎習惡者，長惡知見，曉夕造惡；即目交報，歿後沈淪，一失人身，萬劫不復。忠言逆耳，豈不銘心者哉！便能：澡心育德，晦迹韜名，蘊素精神，喧囂止絕。（右明出家正因）

若欲參禪學道，頓超方便之門：心契玄津，研幾精要，決擇深奧，啓悟真源，博問先知，親近善友：此宗難得其妙，切須子細用心！可中頓悟正因，便是出塵階漸！此則破三界二十五有，內外諸法，盡知不實，從心變起，悉是假名。不用將心湊泊，但情不附物，物豈礙人？任他法性周流，莫斷莫續：聞聲見色，蓋是尋常，這邊那邊，應用不闕。如斯行止，實不枉披法服，亦乃酬報四恩，拔濟三有！生生若能不退，佛階決定可期；往來三界之賓，出沒爲他作則！此之一學，最妙最玄；但辦肯心，必不相賺！

若有中流之士，未能頓超，且於教法留心，溫尋貝葉，精搜義理，傳唱敷揚，接引後來，報佛恩德，時光亦不虛棄。

必須以此扶持，住止威儀；便是僧中法器！豈不見倚松之葛，上聳千尋；託附勝因，方能廣益。懇修齋戒，莫謾虧踰；世世生生殊妙因果。不可等閒過日，兀兀度時：可惜光陰，不求升進，徒消十方信施，亦乃辜負四恩！積累轉深，心塵易壅，觸途成滯，人所輕欺！古云：「彼既丈夫我亦爾。」不應自輕而退屈！若不如此，徒在緇門；荏苒一生，殊無所益！（右示入道由徑）

伏望：興決烈之志，開特達之懷；舉措看他上流，莫擅隨於庸鄙；今生便須決斷，想料不由別人！息意忘緣，不與諸塵作對；心空境寂，只爲久滯不通。熟覽斯文，時時警策；强作主宰，莫狥人情。業果所牽，誠雖逃避！聲和響順，形直影端；因果歷然，豈無憂懼！故經云：「假使百千劫，所作業不亡，因緣會遇時，果報還自受。」故知三界刑罰，縈絆殺人；努力勤修，莫空過日。深知過患，方乃相勸行持；願百劫千生，處處同爲法侶。（右結勸叮嚀）

乃爲銘曰：

幻身夢宅，空中物色。
前際無窮，後際寧剋。
出此沒彼，升沈疲極。
未免三輪，何時休息。
貪戀世間，陰緣成質。
從生至老，一無所得。
根本無明，因茲被惑。
光陰可惜，剎那不測。
今生空過，來世窒塞。
從迷至迷，皆因六賊。
六道往還，三界匍匐。
早訪明師，親近高德。

決擇身心，去其荊棘。
世自浮虛，眾緣豈逼。
研窮法理，以悟為則。
心境俱捐，莫記莫憶。
六根怡然，行住寂默。
一心不生，萬法俱息。

一八　辭北堂書（行腳別母）

唐・洞山良价

伏聞：諸佛出世，皆從父母而受生，萬彙興生，盡假天地而覆載。故非父母而不生，無天地而不長；盡沾養育之恩，俱受覆載之德。嗟夫！一切含識，萬象形儀，皆屬無常，未離生滅；雖則乳哺情至，養育恩深，若把世賂供資，終難報答！作血食侍養，安得久長！故《孝經》云：「雖日用三牲之養，猶不孝也。」相牽沈沒，永入輪迴！欲報罔極深恩，莫若出家功德；截生死之愛河，越煩惱之苦海，報千生之父母，答萬劫之慈親，三有四恩，無不報矣！故經云：「一子出家，九族生天。」良价捨今世之身命，誓不還家，將永劫之根塵，頓明般若。伏惟父母心開喜捨，意莫攀緣，學淨飯之國王，效摩耶之聖后；他時異日，佛會相逢，此日今時，且相離別！良非遽違甘旨；蓋時不待人！故云：「此身不向今生度，更向何生度此身！」伏冀尊懷，莫相寄憶。

附頌二首：

未了心源度數春，翻嗟浮世漫逡巡。
幾人得道空門裡，獨我淹留在世塵。
謹具尺書辭眷愛，願明大法報慈親。
不須洒淚頻相憶，譬似當初無我身。
巖下白雲常作伴，峯前碧嶂以為鄰。
免干世上名與利，永別人間愛與憎。
祖意直教言下曉，玄微須透句中真。
合門親戚要相見，直待當來證果因。

〈後寄北堂書〉：

良价自離甘旨，杖錫南遊，星霜已換於十秋，歧路俄經方萬里。伏惟孃子，收心慕道，攝意歸空；休懷離別之情，莫作倚門之望。家中家事，但且隨時；轉有轉多，日增煩惱。阿兄勤行孝順，須求冰裡之魚；小弟竭力奉承，亦泣霜中之笋。夫、人居世上，修己行孝，以合天心；僧有空門，慕道修禪，而報慈德。今則千山萬水，杳隔二途；一紙八行，聊伸寸意。

附頌一首：

不求名利不求儒，願樂空門捨俗徒。
煩惱盡時愁火滅，恩情斷處愛河枯。
六根戒定香風引，一念無生慧力扶。
為報北堂休悵望，譬如死了譬如無。

附　娘回書

吾與汝夙有因緣，始結母子恩愛情分。自從懷孕禱神佛，願生男兒；胞胎月滿，性命絲懸。得遂願心，如珠寶惜；糞穢不嫌於臭惡，乳哺不倦於辛勤。稍自成人，遂令習學；或暫逾時不歸，便作倚門之望。來書堅要出家：父亡母老，兄薄弟寒，吾何依賴？子有抛娘之意，娘無捨子之心；一自汝往他方，日夜常洒悲淚！苦哉！苦哉！今既誓不還鄉，即得從汝志。不敢望汝如王祥臥冰，丁蘭刻木，但如目蓮尊者度我；下脫沈淪，上登佛果。如其不然，幽譴有在！切宜體悉。

一九 警世

五代・永明延壽

夫不體道本，没溺生死，處胎卵濕化，橫竪飛沈之類；於中失人身者，如大地之土，得人身者，如爪上之塵。於人身中，多生邊夷下賤；及處中國，或受女身；若爲男子，癃殘百疾；設得丈夫十相具足者，處恐畏世，生五濁時，以肉爲身，以氣爲命，一報之內，如石火風燈，逝波殘照，瞬息而已！

於中：少夭非橫殂者，不計其數；或有得天年，壽極耳順，萬中無一；脫得知命之歲，除童稚無知，至三十豪，四十富，且約其間三十年。於中有疾病災禍，愁憂苦惱，居强半矣！所以昔人有言：浮生一月之中，可開口而笑，只四、五日矣。故知憂長喜促，樂少苦多，如在萬仞之危峯，似處千尋之滄海，縱得少樂，畢慮漂沈！

且夫：有生勞我處胎，有老奪我壯色，有病損我形貌，有死壞我神靈，有榮縱我驕奢，有辱敗我意氣，有貴使我驕倨，有賤挫我行藏，有富恣我貪婪，有貧乏我依報，有樂動我情地，有苦痛我精神，有讚起我高心，有毀滅我聲價；乃至寒則逼切我體，熱則煩悶我襟，渴則乾我喉，飢則羸我腹，驚則懾我魄，懼則喪我魂，憂則撓我神，惱則敗我志，順則長我愛，逆則起我憎，親則牽我情，疎則生我恨，害則殞我體，愁則結我腸；乃至遇境生心，隨情動念，或美或惡，俱不稱懷，皆長業輪，盡喪道本。其或更詭於君、悖於父、傲其物、趨其時、獸其心、狐其意、苟其利、徇其名、詃其人、諂其行、附其勢、欺其孤、淵其殃、崇其業、扇其火、吹其風、驟其塵、背其覺、邪其種、睽其真、但顧前、非慮後、只謀去、靡思回、唯其生、焉知滅？則念念燒煮，步步溝隍矣！

如今，或得剎那在世，須蘊仁慈，行善修心，除非去惡。《書》云：「作善降之百祥，作不善降之百殃。」是以世間逆順，種種因緣，空受身心妄苦，皆爲不知，三界唯是一心。以前五識——眼、耳、鼻、舌、身，及第八識，皆是現量所得，無心外法。以第六明了意識，比量計度，而成外境，全是想生，隨念而至，若無想念，萬法無形。故經云：「想滅閒靜，識停無爲。」又云：「諸法不牢固，唯立在於念，善解見空者，一切無想念。」若了一心之旨，心外自然無法可陳，豈有欣慼關懷，是非干念。佛頌云：「未達境唯心，起種種分別，達境唯心已，分別即不生。既了境唯心，便捨外塵相，從此息分別，悟平等真空。」故《起信論》云：「一切境界，唯心妄動，心若不起，一切境界相滅，唯一真心，遍一切處。」是故三界虛僞，唯心所作，離心即無六塵境界。乃至一切分別，即分別自心，心不見心，無相可得。先德云：「心外有法，生死輪迴；心外無法，生死永棄。」經云：「諸法所生，唯心所現。」論云：「三界無別法，但是一心作。」既信一心，須以禪定冥合。如經云：「若能教三千大千世界衆生，令行十善，不如一食頃，一心靜處，入一相法門。」若能諦了自心，以此定慧相應，則能不動塵勞，便成正覺。

平生所遇，莫越於斯；普勸後賢，可書紳耳。

二〇 警眾

五代・魏府懷洞

佛法事在日用處，在爾行住坐臥處，吃茶吃飯處，言語相問處，所作所爲處；舉心動念又卻不是也！會麼？若會得，即今無礙自在真人！若也未會，則是個擔枷帶鎖重罪之人！何故如此？佛法不遠隔塵沙劫，爾一念中見得，在爾眉毛鼻孔上；爾若不見得，如接竹點月在處！切莫思惟，不可言語，爾時中承何恩力？若知得，爾須有個歡喜處。古人道：常寂寂、常歷歷，諸佛不求覓，衆生斷消息。爾會得麼？一切諸法本無情，一切諸佛本自靈，混然同太虛，無欠亦無餘。會麼？若不會，直是個觸途成滯！

不知個身落地處，茫茫劫劫只是戀物著境，認色爲實，不捨恩愛，痴迷財寶，立我爭人，一團子意氣；些子個違情，面青面赤，説强道弱：我不受人欺瞞，我是大丈夫兒，養妻養子。爾豈知在業海之中，罪坑之内，吃肉如似餓鬼吞屍，噇酒如餓狗飲水，愛色如渴蠅砸血；不知此身是大禍患，恣縱無明，愚養意氣，不久敗壞，浪死虛生，枉經千劫，徒然出沒！何不識取金剛堅固之體，長生不滅之道！在世頭栱栱地，口子吧吧地，眼子眨眨地，無常殺鬼到來，向床上猶使心用行，戀財戀境；驀然驅去見閻老子，一詞不措，鐵鑪火炭，銅柱刀山，盡爲戲翫！恁時追悔，難爲免離！

爾如今，病未來尋身，何不於十二時中，求一毫善利，辦取津梁！幻化色身，憑何爲實？諸佛過去留經造論，一切善法與爾初學底人，懺罪滅障，漸漸增長利益；求善知識開示解脫法門，向無明性中認取個真實主人。於萬劫中得個人身也不容易，爾還知，個身本性與佛同時，本無欠少。有一大事在爾尿囊裡、糞堆頭，光爍爍地，圓陀陀地，還信得及麼？若信不及，也從爾深坑罪海，永墮沈淪！爾若迴光返照，於一剎那中，即心念息，時中迷惑煩惱，痴暗狂情，頓自消滅，諸緣境界，轉爲甘露醍醐、安樂國土，豈不是好！聖人道：萬法從心生，萬法從心滅。皆由爾心！善惡也只由爾心，地獄天堂也只由爾心，只今相應，與佛合智，即是佛也！更無相誑！直下奉信無疑心即正覺，又何必歷僧祇大劫！此身今生甚大難遇，莫道我是凡夫，自家退屈，千經萬論，只爲衆生迷亂，不識本性。爾暫時間，那取些子貪物底工夫，看經書上義理；只言衆生被一切境攝，著慾之故。

山僧苦口，實爲忉忉，爾還肯麼？爾還信麼？尋常著寒著熱，些子違情，吃辛受苦不得卻；於日用時中，自不醒悟，整頓取心好！爲取身好！百年如箭，富貴如夢，恩情也只不久，百年無多日，頭白是病來，病是業債來，業債是死來，死是地獄來！爾莫道：我爲人平生好心吉善，只依本分，不作惡事，我無罪過。別教爾有個好生處。我即今朝未信爾在！何故？爾平等在甚麼處？爾還知否？不依佛法，一切法皆是邪法、外道見解，更莫說擔人擔我，貪色愛財，餐魚啖肉，妄言綺語，日費上事，罪業極深。爾莫道：我捨財造塔、起殿、齋僧、轉經，便爲長久功德。以此爲實，未可託倚！衆中老和尚也爲爾不得！爾還知麼？爾有千般萬種無明罪業，佛亦爲爾不得！須是爾自家著力，前程自辦！爾若作一切有爲功德，只是造業，增長頑福，不生個清淨知見！山僧雖然求得供養，日夜不安，爲慮未是在。還知麼？一任爾說向諸方，耆宿笑我也，嫌山僧不得。欲問爾施主得錢處，想爾應不濟潤於人，不救拔貧苦者。了得了取喫休！了取著休！早修行休！度此身休！悔取心休！悔取心休，伏惟珍重。

二一 方丈銘

北宋・雪竇明覺

夫、傳持祖燈，嗣續佛壽，
此非小任，宜景前修。
肅以威儀，尊其瞻視；
懲忿窒慾，治氣養心。
無以名利動於情，無以得失介於意；
無隨世之上下，無逐人之是非。
黑白致之於懷，喜怒不形於色。
樂人之樂，猶己之樂；
憂人之憂，若己之憂。
容眾尊賢，克己復禮。
無因少隙，失素所善；

無背公議，棄素所疎。
能不可矜，勢不可恃；
無護己短，無掩人長。
見德不可忘身，在貴不可忘賤。
且夫、學本修性，豈慍人之不知；
道貴全身，無蘄（通祈，求也）世之為用。
人或慕義，理固推餘，必也篤以心誠；
誨余規矩，博援羣籍，深示妙宗。
慈室、忍衣，不可須臾而離；
大方（大道也）、寶所，欲其造次必是。
動息有常，嫌疑必慎；
人不可侮，天不可欺。
眾之去來，無追、無拒；
人之毀譽，無恚、無貪。
內無所慚，外無所恤。

若或聲華溢美，利養豐多；
畏四趣之果因，謹三寶之交互。
死生未脫，業苦難逃；
方其得志，亟思利正。
身如行廁，利稱軟賊，
百年非久，三界無安，
可惜寸陰，當求解脫。
古先諸祖，舉有懿範：
杖錫一生喫土，丹霞祇個布裘，
趙州青灰滿頭，即師編草為氈，
或深禪久修，或優詔不就。
大都約則尠失，奢則招譏；
謙則有光，退則無忌。
去聖逾遠，行道有艱；
觀時進止，無自辱也。

二二 書紳

北宋・慈雲遵式

知白（師字知白）汝知：日之所爲，害善之法，偏宜遠之；損惡之道，益其用之。口無自伐，心無自欺；勿抱内蠹，勿揚外儀。欲人之譽，畜己之私，殺義之始，陷禍之基。自恃其德，必有餘譏；自務其達，必有餘非。眷屬集樹，汝宜去之；利養毛繩，汝宜畏之。自行之際，擇而思之；懲惡之餘，何則是宜。清香一炷，紅蓮數枝；口勿輟誦，意勿他思。安禪禮像，其則勿虧；量衣節食，其志勿移。造世文筆，如佛誡之；説人長短，如法謹之。從對賓侶，口勿多辭；頻驚光景，坐勿銷時。芭蕉虛質，非汝久期；蓮華淨土，是汝真歸。俾夜作晝，勤而行之。

〔註〕　書紳：《論語》：「子張書諸紳。」

二三　生死無好惡論

北宋・孤山智圓

予中庸子（師名智圓，號中庸子）寢疾于床，其手足也將啓，其神爽也將亡，而乃怡然無悶，以道自強。客有問予疾者，避席而起，握手而語曰：「夫人好之大者莫若生乎？惡之大者莫若死乎？予觀子也，於生似無所好，於死似無所惡：予也惑，敢問？」

中庸子喟然歎曰：「大哉問！居（坐也），吾語汝。野哉！世人唯知惡其死，而不知惡其生：可不大哀乎？何居？（何居，何故也）夫枝必有根，流必有源。噫！生者不曰死之根源乎？既有其生，安得無死？生也，人之始；死也，人之終。物既有始終，人故有生死。故《涅槃經》曰：『功德、黑暗，姊妹相隨，有智主人，二俱不受。』到此則不受其生，故無其死矣！

且夫春必有冬，晝必有夜。其有好春而惡冬，好晝而惡夜，豈不大愚乎？生死者亦猶春冬、晝夜也，何所好惡哉！故莊周曰：『以無爲首，以生爲脊，以死爲臗

（髑髀骨也）。』故知有無、死生，乃一體也；豈可存其脊而去其臏耶！吾以觀之，故於生無所好，於死無所惡也。

抑又，吾年四十有七矣，比夫顏子，不曰夭壽乎！苟有期頤之壽，比于容（容成）、彭（彭祖）輩亦殤子耳，高下之相形，長短之相傾，蒙茸乎豈有止足哉！吾無顏子之賢，而壽且過之，敢有不足之心耶？

然此皆域內之說，非域外之旨也，吾欲談之，將恐中士在乎存亡之際，下士聞之則大笑之也！」

客曰：「願聞域外之說，以祛蒙吝。」

予曰：「夫天理寂然，曾無生滅之朕乎；妄情分動，遂見去來之跡矣。譬夫以清淨目，觀晴明空，唯一精虛，都無瑕翳。苟瞪目勞視，則狂華亂生。華既有生，而亦有滅。愚者無故好華生，而惡華滅。而不知華本自無，好惡之心，是徒勞耳。故楞嚴曰：『皆由不知常住真心，性淨明體，用諸妄想，此想不真，故有輪轉。』又曰：『尚無有生，欲何名滅。』又曰：『生滅去來，本如來藏。』蓋謂此也。吾又以是觀之，故於生無所欣，於死無所怖也。」

客曰：「美哉言乎！夫至當歸一，精義無二，我將稟子之言，踐而行之。而子之兩説，予誰適從？」

予曰：「夫諸佛常依二諦說法，吾敢違之哉？吾前之説，俗諦也；後之説，真諦也。吾以真、俗求之，而見於生不足可欣，於死不足可惡。又嘗以二説，交戰於胸中，而真諦勝。予思吾兩説，隨其所得，足可以治心矣。雖然，孟子有言曰：『魚亦吾好也，熊掌亦吾所好也，二者不可兼，捨魚而食熊掌矣。』爾果能捨俗諦之魚，食真諦之熊掌者，不亦美乎！爾其勉之。」

客霍然驚視，且曰：「未之聞也！敢不寤寐思之，使至斯道也。」於是再拜于床下，循牆而去。

乾興改元之歲正月五日，予中庸子有疾弗瘳，乃口占斯文，命門人雲卿者筆之。

二四　證道頌（錄十首）

北宋・汾陽善昭

入聖超凡割愛親，勿同愚慢縱貪瞋，
六根永滅邪思漏，便得光明解脫身。

入聖超凡割愛親，勿輕小罪撥無因，
如今見有愚慵者，纔作高人卻下人。

入聖超凡割愛親，滅除妄念絕煩塵，
心同朗月添羣象，萬德莊嚴一行真。

入聖超凡割愛親，直須堅猛莫因循，
無令少樂侵名利，失卻高賢德行人。

入聖超凡割愛親，片雲孤鶴喜同鄰，
冰霜不變金剛性，此界他方作大人。
入聖超凡割愛親，天然自性比浮雲，
騰空不礙高低路，正氣融和迥出羣。
入聖超凡割愛親，一言道合便同門，
休將心識虛等覓，日月何曾屬暗昏。
入聖超凡割愛親，須知同類不同羣，
慈悲喜捨多饒益，不在功能不在文。
入聖超凡割愛親，便將心意合天真，
迴光返照明今古，識得愚人是智人。

入聖超凡割愛親，如龍騰霧布祥雲，
驅雷降雨滋苗稼，萬物咸蘇祝聖君。

二五 略序四宗頓漸義

北宋・汾陽善昭

夫律師者，宗分有部，細行威儀。弘範毗尼，嚴淨三界。究七聚、五篇之奧，窮四夷、二過之微。持、犯、開、遮，真常軌則。白三翻之羯磨，唱四忍之護持。若非宣律之能，爭得同成師範者也。

夫法師者，登狻猊座，廣敷妙義，談二空理，理契圓常。開頓漸之門，擇聖凡之慧，隨方處藥，量器堪任。知熟、知根、甄邪、甄正，煥然能所，明暢主賓。因果不昧於人間，道化罔迷於天界，擊大法鼓，豈廢津梁。非四依、三德之高流，寧得弘通於大教？除非達士，頗測淺深，堪作當人，始稱導誘者也！

夫論師者，擊鐘樓上，立義場中，縱奪臨機，斥呵當勢。聳四無礙之雷辯，掩千萬類之鼓音；邪正雙驅，有無互起。奪赤幡于手內，鞭白骨於堦前；高建法幢，廣摧異見。非若馬鳴、龍樹之威，豈敢當鋒者矣。

夫禪師者，元真一氣，堅固三空；行住怡然，語默憺靜。携金剛之智印，傳諸佛之心燈；照積劫之昏衢，燭多生之暗室。截衆流於四海，了萬法於一言；直指人心，見性是佛。同師子而哮吼，大闡玄音；震龍猛之天雷，直明妙旨。皆是懸通佛記，須知宿植勝因！若非洞貫天機，那得安禪靜慮，識心達本，冥契諸緣，悟性無生，頓超事理，當得續燄傳燈，光輝三界，佛日長明者也。

二六　龍游縣新修舍利塔院記

北宋・趙抃

夫源已深，日加浚；根已固，月加培——彼培、浚千萬人，一、二人焉將堙！築拔絕畀，派涸枝槁，閉窒顛躓，吾不識其爲可也！

浮屠氏法，始漢明帝時入中國！熒熒乎魏、晉；煌煌乎宋、齊；烜赫熾炎乎梁、陳、周、隋之間。王公卿士，上焉而倡導；豪賈大姓，下焉而服從。父提子手，不釋不歸；兄詔弟耳，不佛不師。貨貝玉帛，懌樂兼施；膚髮支體，無所愛吝。州供里養，家擎戶跽；祈利益怖，罪苦心誠，力勤一以。宗乎其教，如趨市然！有金壁、丹陛，制擬王者，不爲之僭；炎而涼、寒而燠、鍾鼓而食，不爲之泰！

唐高祖念其如是也，用傅奕益兵蕃生術，武德中將持斷力行，會建成之變，禪代已畫於中道。明皇開元初，宰相姚崇，籍其徒無狀者，髮男女二萬人。武宗聽羅浮道士議，會昌五年，詔壞寺、招提、蘭若，合四萬四千，還其人二十六萬。宣宗即位，憤道士議者，戮于市數人，遂復成樹建。巢賊兵火，五代亂離，既涸而浮，既窒而流，既槁而榮，既踣而興，其故何哉？源素深，根素固也！國朝四聖，垂八十年，又日浚而月培之，今四海九州，其居其人之數，後不減於會昌前。於乎，其盛矣乎！雖所謂一二人焉，其亦如之何哉！

古太末之地，有舍利塔院，年祀彌遠，棟敗梁仆。邑人江延厚，遽新其廢，建釋迦殿與其像，崇崇耽耽，輪奐繁靡。因而增葺之，曰法堂，曰方丈，曰門，曰廊，曰官院，無慮用四百萬錢。起明道二年九月九日，訖慶曆四年六月十九日。院成明年十月十二日，始為記。京兆慎東萊書。

二七　降魔表

北宋・佛印了元

臣聞：三乘路廣，法界無涯，智海晏清，十方安泰。

時有：魔軍競起，侵撓心田，六賊既强，心王驚動。朝生百怪，暮起千邪，惑真如，困勞法體。菩提道路，隔絕不通，破壞涅槃，傷殘三寶。無爲珠玉，悉被偷將，大藏法財，皆遭劫奪。塵勞翳日，欲火亘天，飄蕩法城，焚燒聖境。

臣見如斯暴亂，恐佛法難存，遂與六波羅密商量，同爲剪滅。遣性空爲密使，聽探魔軍，見今屯在五蘊山中，有八萬四千餘衆。既知體勢，計在剎那！遂點十八界雄兵，並立體空爲號，人人有無礙之力，箇箇懷勇健之能。直心爲見性之功，一正去百邪之亂，披堅固甲，執三昧鎗，智箭、禪弓，光明慧劍。向大乘門中訓練，寂滅山內安營，三明嶺上開旗，八正路邊排布。遣大覺性爲捉生之將，遊歷四方，搜求妄想之蹤，抄截無明之蹟。復使慈悲王破三毒之寨，忍辱師伐瞋怒之城，精進軍除傲慢之妖，喜捨將捉慳貪之賊。

臣向平等山中布陣，把定十惡之門，部領摩訶，一時直入！當鋒之際：眼不觀色，耳不聽聲，鼻不聞香，舌不了味，身不受觸，意不攀緣。一志向前，念念不退！

倏忽，魔軍大敗，六賊全輸，殺戮無邊，掃除蕩盡。生擒妄想，活捉無明，領在涅槃山中，以慧劍斬爲三段。煩惱林當時摧折，人我山化作微塵，癡愛網遭智火焚燒，邪見林被慧風吹竭。

從此：三明再朗，四智重圓，內外無瑕，廓然清淨。心王坐歡喜之殿，真如登解脫之樓，自性遊無礙之堂，三身踞不搖之座。從茲法界寧靜，永絕囂塵，共渡生死之河，齊到菩提之岸。

魔軍既退，合具　奏聞。

〔按〕一本作：『夾山無礙禪師降魔表』

二八　痛諭文

北宋・佛印了元

一念靜心終成正覺！蛙步不休，跛鱉千里，器有利鈍，根有淺深，及其成功一也。獨在乎發憤立志而已矣！吾今痛諭道俗，當知四易、四難：

何名四易？自己是佛，不用別求師資，若欲供養佛，只供養自己；一易也。無為是佛，不用看經、禮像、行道、坐禪，饑飡困臥，任緣隨運；二易也。無著是佛，不用毀棄形體，捐棄眷屬，山林、市井，處處自在；三易也。無求是佛，不用積功累善，勤修苦行，福慧二嚴元無交涉；四易也。

何名四難？能信一難；能念二難；能悟三難；能修四難。

夫，因果，可以為小信，不可為大信；然猶疑者多，信者少；信而不疑者，率千百人中有一二人耳！何況頓見自性，一超直入如來之事乎！千經萬論，奇蹤異跡，種種留在世間，只為人無信心，衆聖慈悲，廣施方便，開曉羣迷，令其由信門入，蓋有其信者，必行之。此信之所以為難也。

十二時中，惟欲念念不忘；行時行念之，坐時坐念之，起居動止，語默臥興，時皆念之，治事接物，乃至困苦患難，險危之時，亦皆念之。其身如槁木，如頑石，如死屍，如土偶，唯心心在道。應答於人，如癡如醉，聞聲見色，如聵如盲。所以喻如貓捕鼠，心目一於注視，少怠則失鼠矣。如雞抱卵，暖氣貴於相接，棄之則不成種子矣。此念之所以爲難也。

念道本於持久，悟道在於須臾。因緣未熟，時節未到，機關屢啓，無所遇也。因緣既熟，時節既到，雖形聲不接，忽現前也。未悟者難與言已悟之見，如生而盲者，語以天日之清明，彼雖聽不可辨也。已悟者無復踏未悟之跡，如寐而覺者，使其爲夢中事，彼雖憶而不可追也。參學之士要當以悟爲準。此悟之所以又爲難也。

未悟常須憂念，已悟益須持守。如擎盤水，如執至寶，如護目睛，如踐危險，若對君師；是持守之道也。持守者，修之也。見道方修道：不見何庸修？有問者曰：已悟矣，寧修爲？則應之曰：多劫薰習，未遽除盡，惟宜修之，修到無修，然後同於諸佛。此修之所以爲難也。

故不知四易者，可使爲善，不可使入道也；不知四難者，可以談道，不可與進道也！

二九 大悲閣記

北宋·蘇軾

夫大悲者，觀世音之變也。觀世音由聞而覺！始於聞，而能無所聞；始於無所聞，而能無所不聞。能無所聞，雖無身可也；能無所不聞，雖千萬億身可也！而況於手與目乎？雖然，非無身無以舉千萬億之衆；非千萬億身，無以示無身之至。故散而爲千萬億身，聚而爲八萬四千爍迦羅首，八萬四千母陀羅臂，八萬四千清淨寶目：其道一爾。

昔，吾嘗觀於此！吾頭髮不可勝數，而身毛孔亦不可勝數；牽一髮，而頭爲之動，拔一毛，而身爲之變。然則，髮皆吾頭，而毛孔皆吾身也；彼皆吾頭而不能爲頭之用，彼皆吾身而不能具身之智：則物有以亂之。

吾將使世人，左手運斤，而右手執削，目數飛雁，而耳節鳴鼓，首肯旁人，而足識梯級：雖有智者，有所不暇矣！而況千手異執、而千目各視乎？

吾燕坐寂然，心念凝默，湛然如大明鏡，人鬼鳥獸，雜陳乎吾前，色聲香味，交通乎吾體，心雖不起，而物無不接！接必有道，即千手之出，千目之運；雖未可得見，而理則具矣。

彼佛、菩薩亦然，雖一身不成二佛，而一佛能徧河沙諸佛，非有他也：觸而不亂，至而能應。理有必至：而何獨疑於大悲乎！

成都，西南大都會也！佛事最勝，而大悲之像，未睹其傑。其法師敏行者，能讀內外教，博通其義，欲以如幻三昧爲一方首。乃以大旃檀作菩薩像。端嚴妙麗，具慈愍性；手臂錯出：開、合、捧、持、指、彈、摩、拊，千態具備，手各有目，無妄舉者。復作大閣以覆菩薩，雄偉壯峙，工與像稱，都人作禮，因敬生悟。余遊于四方二十餘年，雖未得歸，而想見其處！敏行使其徒法震乞文，爲道其所以然者。且頌之曰：

吾觀世間人，兩目兩手臂，物至不能應，狂惑失所措。
其有欲應者，顛倒作思慮，思慮非真實，無異無手目。
菩薩千手目，與一手目同，物至心亦至，曾不作思慮，
隨其所當應，無不得其當。引弓挾白羽，劍盾諸器械，
經卷及香華，盂水青楊枝，珊瑚大寶炬，白拂朱藤杖，

蘇軾墨竹圖（西元一〇三七～一一〇一年）

所遇無不執，所執無有疑。緣何得無疑，以我無心故，
若猶有心者，千手當千心。一人而千心，內自相攫攘，
何暇能應物？千手無一心，千手得其處！稽首大悲尊，
願度一切眾，皆證無心法，皆具千手目。

三〇 東坡紀事（二則）

出《東坡禪喜集》

王實、王寧訪東坡。實、韓持國少傳之婿也。坡因問：「持國安否？」實、寧皆曰：「自致政（退休）尤好觀伎。嘗自謂人曰：『吾已癃老，且將聲樂酒色以娛年。不爾無以度日。』」

東坡曰：「惟其殘年，正不當爾！君兄弟至親且舊，願爲某傳一語于持國可矣。」

實、寧曰：「諾。」

坡曰：「頃有一老人，未嘗參禪，而雅合禪理，死生之際，極爲了然。一日置酒，大會親友，酒闌，語衆曰：『老人即今且去。』因攝衣正坐，將奄奄然。諸子乃遑遽呼號曰：『大人今日乃與世訣乎？願留一言爲教。』老人曰：『本欲無言，今爲汝懇，只且：第一五更起。』諸子未諭，曰：『何也？』老人曰：『惟五更可以勾當自家事；日出之後，欲勾當則不可矣。』諸子曰：『家中幸豐，何用早起？舉家諸事，皆是自家事也，豈有分別？』老人云：『不然，所謂自家事者，是死時將得去者。吾平生治生，今日就化，可將何者去？』諸子頗悟。今持國果自以謂殘年，請二君言與持國，但言某請持國勾當自家事。與其勞心聲酒，不若爲可以死時將去者計也。」

坡又曰：「范景仁平生不好佛。晚年清慎，減節嗜慾，一物不芥蔕于心，真卻是學佛作家，然至死常不取佛法。某謂：景仁雖不學佛，而達佛理；雖毀佛罵祖，亦不害也。」

•

蘇東坡自謂，竄逐海上，去死地稍近，心頗憂之！願學壽（永明延壽）禪師放生以證善果。敬以亡母蜀郡太君程氏遺留簪珥，盡買放生，以薦父母冥福。其子邁，在東坡之側，見所買放生，盈軒蔽地，或掉尾乞命，或悚翅哀鳴。邁憐悲其意，亟請放之。傍有侍妾，名朝雲，見邁衣衿有蝡動，視之乃蝨也，妾遽以指爪隕其命！

東坡訓之曰：「聖人言：近取諸身，遠取諸物。我今遠取諸物以放之，汝今近取諸身以殺之耶？」

妾曰：「奈囓我何？」

東坡曰：「是汝氣體感召而生者，不可罪彼。要當捨而放之可也。今人殺害禽魚之命，是豈禽魚囓人耶？」

妾大悟。自後罕茹腥物，多食蔬菜而已。東坡舅氏訟之曰：「心即是佛，不在斷肉。」

東坡曰：「不可作如是言。小人女子，難感易流。幸其作如是相，有何不可。」

三一　義烏滿心寺鐘記

南宋・宗澤

如來以大悲心，欲令衆生於十二時中，因耳所聞，生利益見，不爲欲所沈迷，不爲邪所障蔽，斷除惡念，滋種善根。於是建設洪鐘，以時撞擊，俾有識無識，虛懷聽受，隨所聞聲因緣入道。譬如雷霆蟄驚，牙甲昆蟲，悉皆感悟。所以者何：

日將旦，羣動咸作，奔趨爭逐，擾擾競前，於是警之，廣令衆生，起戒懼心。

暨至食時，飢火煎迫，噉涎貪噬，腥羶無厭，於是警之，廣令衆生，起齋潔心。

日之方中，交易爲市，矜智嚇愚，籠絡利己，於是警之，廣令衆生，起方便心。

昧谷斂昏，陰邪氣盛，一念差誤，爲盜、爲淫，於是警之，廣令衆生，起畏懼心。

至夜未央，神識俱晦，夢想顛倒，莫覺莫知，於是警之，廣令衆生，起修省心。

心。

人之云亡，氣魄隨去，倀倀冥行，莫知所趨，於是警之，廣令衆生，起歸依心。

如是等心，悉由中起，念念勿絕，證無上道。

滿心，古刹也！舊雖有鐘，形度小瑣，發響焦急，無從容韻。寺僧有宗，遍募檀越，弋陽主簿葉天將，捐財唱之，和者沓至。於是大體鈞模，采鳧氏法，規天地以爲爐，翕陰陽以鼓氣，回祿騰焰，飛廉助威，神施鬼設，一瀉而就。徽以金索，懸而擊之，隱隱闐闐，滿虛空界，四生六道，濡滯幽冥，聽此法聲，悉皆解脫。茲勝事也！樂爲頌云：

人得是身，不自愛重，
貪残暴忍，長惡弗悛。
劫劫輪迴，歷盡苦報，
如來悲憫，以鐘代言。
俾衆生聞，警覺省悟，
隨聲懺悔，滋益善心。

予適宰官，代佛宣說，
願咸諦聽，無量無邊。

三二 戒欲文

南宋・趙令衿

嘗謂世人，無始時來，有大苦惱，惑亂身心，不求出離。所大苦者，淫欲之事也！此苦能昏塞精神，戕賊性命，障道敗德，妨廢修行。每念私心潛散，邪見動搖，不以境緣有無，不分去處淨穢，便起顛倒，恣行觸污；淨眼觀之，有何快樂！且情塵流轉，慾火燒然，自古迨今，老幼貴賤，無不被其害也！

蓋世人廣貪財利，追求爵祿，如意之後，唯是耽著色欲。又有緇素之間，百念灰冷，惟此一事，多爲魔惱。至於造妖作竊，傾國亡家，或善和眷屬，因此紛爭，或久遠夫婦，因此乖離。信之壞人根本，累人深重，奸妒欺昧，不可名言。是故佛說，諸業易斷，此苦難除。苟能滅盡，無不成道！

大抵男女二根，初無分別，邪妄發生，互起愛染，結習牽纏，遂有：思想驚夢之苦，蠹費破散之苦，寃結離間之苦，遭刑染疾之苦，直到夭亡，終未省悟。明知穢污，非清淨因，如蛾投火，自受燋然！

如來明誨，若不斷淫，欲求聖道，無有是處。當知情愛爲災難之端，狐媚乃殺人之賊，起煩惱因，入地獄種。誤人損德，喪身失命。常於一切處，泯絕男女相，究竟真實，誰受欲事。當知革囊，臭穢敗壞，總成白骨。念欲境界，復有何樂，雖在夢中，亦生怖畏！

普願一切含靈具識，盡生厭捨，如寃家想，當遠離也；如大火聚，不可近也；如毒蛇來，當急避也。果能一發悔念，俾得此纏縛，自然消釋。變垢濁而獲法身，散淫火而爲智慧。互相教化，同行淨道，證安樂行。

三三　重開僧史略序

南宋・寶覺法道

佛書所載：地獄、鬼、畜、北俱盧洲，長壽天、佛前佛後、生便盲聾瘖瘂、世智辯聰不信毀謗佛法僧者，名八難處。又曰八無暇，蓋生處者，障難深重，無暇修心，長劫驅驅，輪迴不息故也！是知世聰俗慧，不達佛書，則理昧正真，事同盲瞶，矜伐衒耀，自爲己能；沮善、詆僧，佛所不救，生遭貶謫死入阿鼻，違逆皇天招延世亂，皆此輩也！致亂皆因蠹善，具載佛書。本朝王內翰（禹偁）生平著述，排詆釋氏，雖唐韓退之，吾宋歐永叔——佛書所謂天魔波旬、闡提外道——無以加也！間遇英傑之僧，亦心重之。余嘗讀王公文集，有〈贈僧錄通慧學公〉詩曰：

詔修僧史浙江濱，萬卷書中老一身。
赴闕尚騎支遁馬，援毫應待仲尼麟。
溟濛雪彩松窗曉，狼藉苔花竹院春。
還許幽齊暫相訪，便令陶令滿衣塵。

其意竊比陶彭澤謁遠法師故事，而自高之也。歐陽文忠公亦錄王內翰《寧僧錄元夜觀燈》嘲謔之言，有「秦鄭不愛未坑之」語。王又述寧之墓誌，則有心慕誠服之意：敘寧有文集一百七十卷，見行於世。王之毀僧破佛，蜂蠆梟獍，吠堯彈鳳，天下皆知矣！獨於通慧友愛相師，賦詩、述銘以褒美之，何也？蓋通慧學行、才識兼類，相求自相友愛耳！且世諦文章未知其高下；其於學佛明心，博通大教，王必不及也。

且夫釋氏橫闊勝大之言，包羅法界洞徹纖虛；斷惑出纏冥真會聖，永拋輪迴長挹愛河；出萬劫之迷津，脫四魔之見網；歷劫災而不壞，與虛空而並存。與夫世文實霄壤矣！佛之利見也，應大機則重重華藏，剎剎分形；接小則丈六化身三千界主。所以宣尼推爲至聖；老氏尊之竺乾吾師號佛，覺一切民也。溥天慈父覆育羣倫，超出世間之大聖人也！孔老二聖，豈妄推之？蓋見善不及，守雌保弱，不敢爲天下先之志也！本朝駙馬都尉李度，題寺詠佛詩曰：

仲尼推至聖，老氏稱古皇。
天上及天下，應更無比量。

勒碑于相國寺之東廡別院。蓋佛者，流光於混元之前，列影向太虛之始，慈雲法雨潤澤羣生，千聖樂推萬靈欣奉。宜乎宣尼、伯陽聞風而悅，慕德而歸命焉！唐李商隱，贊曰：

吾儒之師曰魯仲尼，仲尼師聃龍吾不知，
聃師竺乾善入無為，稽首正覺吾師師師。

懿哉儒言，知佛者也！經不云乎：「除摩利支山，不產旃檀木。」好語皆生佛法中！佛未出世時，世諦幻法皆無名字，佛之設教，統應羣機！撮要而言，不出乎真俗二諦。其真也，詮妙理之格言，究死生之出要。其濟俗也，獎善罰惡，罪福報應。至於治世之書，亦諸佛之遺化也。故經曰：「一切世間安民濟物，皆是諸佛法。」滅盡後，有波羅門採什佛書，安置己典，傳於後世，大千國王各有典彝。在天竺，則有四韋陀；此土則五經、三史之書也。故曰：「一切法者，皆是佛法。」豈徒言哉！

如今黃冠剽竊佛經，撰成己教。外道經書半偷佛法，識者盡知矣。唯寧師，內外博通，真俗雙究。觀師所集，物類相應，志至於微術小伎，亦盡取之。蓋欲學佛，遍知一切法也。崇寧四年，敕加命號曰《東京左街僧錄史館編修圓明通慧大師》，以旌其學行。師之所著，唯《大宋高僧傳》三十卷，與《僧史略》三卷，奉敕入藏頒行。外餘多湮没。

兵火之中，得斯藏本，佛法事理、來歷、紀綱，捨此書而弗知也！苟斯文之墜地，顧大法之將沈！由是敢率同袍，興心內護。爰有兩街僧錄鑒義，臨安府前後政僧官禪講，同出長財，命工鏤板，附藏流通。因寫王詩、歐公之錄，以示方來。使知世智辯聰之流，有時而信焉！三教之聖賢，理歸一揆，則八無暇之沈淪，尚可救也！故爲序之。

紹興十四年甲子四月己巳如來誕聖日　傳西天三藏法特賜寶覺圓通法濟大師法道序

三四　叢林公論敘

南宋・釋宗惠

鐘鼓非樂之本，而器不可去；論議非道之本，而言不可亡。苟存器而忘本，樂之所以遁也；立言而忘本，道之所以喪也。然而去器無以聞九韶（虞舜樂名）之樂；亡言無以顯一貫之道。唯調器以中和，樂之成也；話言以大公，道之明矣。

南蕩者菴老人，予之端友也！拜教聲前，踰越二紀。蹟其爲人，厚性體仁，寬中毓物。平居閑澹，恂恂然似不能言；逮說法則詆訶佛祖，談論則刻轢古今。《公論》一萬餘言，概其緒餘，非特起而作之也！

予酌其理詣，騫（音儉，駑也）闕（缺也）一無！抑又所以究其黜訐遏滅、是非區區，覈其操椮、金根之謬；深虞後學，沿惑其說，誕妄相糾（音斗，告也），舍正路而不由。推其至公，當優入聖域，明與日月俱，大與天地並，深與江海埒，峻與山嶽侔。宏、曠、穹、崇，有本者如是！

於戲！和氣薰郁，惠風捭（音擺，開也）鬯（同暢），未有不坼（坼，萌裂也）之枝，學者毋以自栲（空疏也）。

淳熙己酉季春　芋魁巖主宗惠敘

三五　重修智者廣福禪寺記

南宋・陸游

婺州金華山智者廣福禪寺，浮屠氏所謂梁・樓約法師道場，國朝開寶（宋太祖年號）九年，始爲禪寺。自淨悟禪師全肯傳三十七代、二百餘年，至慶元（宋寧宗年號）之五年，而仲玘實來。方是時，事廢不舉，地茀（茀音弗，草盛也）不糞（糞，掃除也），棟橈柱腐，垣斷甃（甃音縐，井壁也）缺，若不可復爲者！玘植杖而四顧曰：「智者之爲寺，天造地設者至矣，而人事不能充焉，故浸壞至於此。天其使我興此地歟！」乃諏（音走，謀也）諸爲地理學者，則其言與玘略合。

蓋寺在金華山之麓，峯嶂屹立，林岫間出，日月映蔽，風雲吞吐，而前之形勢無以留之。如王公大人南嚮坐帷幄中，宜其前有列鼎大牲之養，盛禮修樂之奉；迎客進趨，儐相禬（音會，整貌）翼，將吏武士，執檛（音抓，鞭也）孰何（何，荷也），然後爲稱。今乃巍然獨立，而侍衞者皆奔趨而去，則其威重無乃少損乎？於是始議鑿大池，瀦（音豬，水所蓄也）水於門，梁其上達於大路，而增門之址，高於舊三之二，異時所謂奔趨而去者，皆肅然就列，恪然執事，則王公大人之尊，於是始全。則其施、置、過、立、號、令、賞、罰，亦何可少訾耶？方議之初，或謂門有大木數十，必盡去乃可興池役，而木所從來久，以是未決。忽一夕大風，木盡拔，若有鬼神相其役者，其亦異矣！玘之來，百役皆作，修廊傑閣，虛堂廣殿，至於棲衆養老之室，疱湢（洗浴處也，湢音必）帑庾（音倘魚，儲倉也）之所，繚爲垣牆，引爲道路，莫不美於觀而便於事，後雖有能者，無以加焉。

玘有道行，爲其徒所宗，而才智器局，又卓然不凡，如此，故薦紳多善道之。予又與有夙昔，且曾記其嚴州南山興造之盛。故玘今又從予求智興造記，而予友人寧遠軍節度使提舉佑神觀姜公邦傑，復以手書助之請。未及屬稿，而邦傑没，予尤感焉。雖耄，不敢辭也。今茲之役池爲大，故書之特詳。

嘉泰三年十月甲子　太中大夫充寶謨閣待制提舉江州太平興國宮山陰縣開國子食邑五百戶賜紫金魚袋

陸游撰並書。

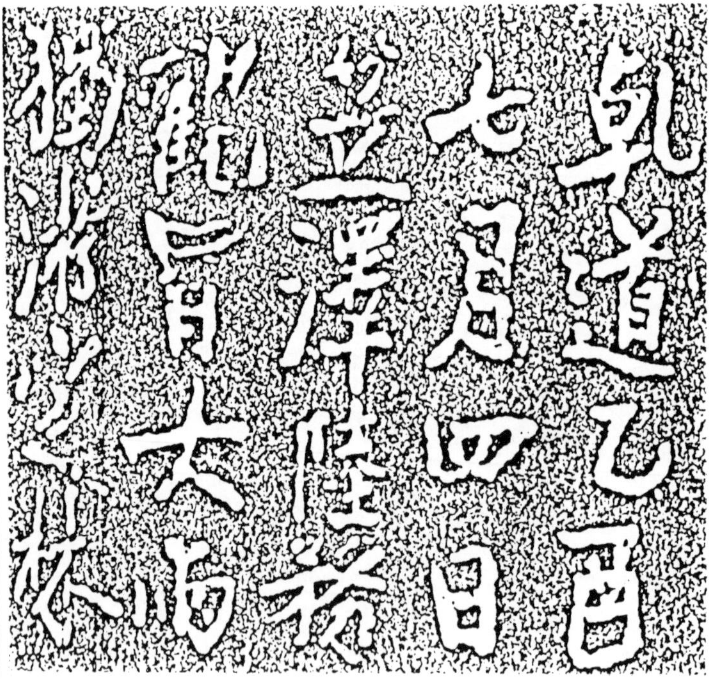

陸游遊南京定林寺留字石刻（西元一一二五～一二一〇年）

三六　示鄭廉訪（名雲翼）

元・中峯明本

治世間書，道、德、仁、義、禮、樂、刑、政八者，皆不能外吾一心之妙用也！

心通之謂道，心正之謂德，
心慈之謂仁，心平之謂義，
心中之謂禮，心和之謂樂，
心直之謂刑，心明之謂政。

以至百千善行，凡有利天下而澤斯民者，未有不因吾一心妙用之所著也！凡夫反是而失其妙用，則顛倒錯亂由之而生焉。故聖人不得不設教以裁之也。復爲説偈，以演其義云：

從來至道與心親，學到無心道即真，
心道有無俱泯絕，大千沙界一閑身。

萬物性情皆有德，惟人之德與心通，
自從識得這些子，語默昭昭合至公。
聖賢垂教幾千般，化育鈞陶宇宙寬，
我欲仁兮仁即至，不須心外覓毫端。
心到平時物我齊，等閑行處自相宜，
但教法性無差別，不礙興慈與任威。
威儀進止非為禮，心到中時禮自臻，
相見不須陳玉帛，一聲彈指見天真。
萬籟夜吹無孔笛，兩溪朝奏沒絃琴，
要知此樂從何得，只屬當人一片心。
念惡先將心受誅，三千條貫治形軀，
道人善惡俱忘念，刑法分明是有無。
心似權衡定重輕，到頭斤兩自分明，
從來善政還相似，千古令人作準繩。

三七　示成上人卓菴

元・中峯明本

古人以己事未即明了，往往結草爲菴，作自了活計，初未嘗有所爲於世間！以日用處隨緣自遣，或栽田，或種畬，或草衣，或木食，或澗飲，或燒折腳鐺，或以枯木爲床，或以三個柴頭品字煨，或三十年、二十年目視雲漢不與世接，或三蔑束腰，或豎空拳，或伸一指，或謂溪深杓柄長，乃至種種作用，其孤風凜然，聳動觀聽，一段光明，照映千古，亦皆不期然而然也！

自此以降，世道日微，人心日薄，即此住菴之風，轉爲偷安逸居之計！只圖禮法不相拘束，叢林不相縛繫，要眠便眠，要走便走，日滋月浸，變爲自在外道，不特無補於道，將見流而不回，去而忘返。不知不覺於偷安逸居之外，引起世間百千萬種顛倒差別，復墮流俗者多矣！

蓋佛祖施設，或萬衆廣居，或形影相弔，實存乎道。道之明，則在萬衆不知爲多，單己不知爲少。以不知故，喚廣居爲住菴亦得，喚住菴作廣居亦得。以廣居爲住菴，則不見有上下左右之相拘；以住菴爲廣居，則不見有暗室屋漏之自欺也。

如是住菴，則念念共人天交接，塵塵與聖賢胥會，雖千古之上而可以挽回於目擊也。如是住菴，則窮也得，不窮也得，有人扣門也得，無人扣門也得，終日作用熾然也得，終日一物不爲也得；乃至遇苦、遇樂、遇逆、遇順，百千境界，同時現前，當機總是豎拳、豎指之時也！這裡也無住菴者，亦無不住菴者，也不見有菴內事，也不見有菴外事，一體純真，萬慮泯絕，是非情盡，能所識消，乃知婆子放火〔註一〕，門上書心字〔註二〕，皆是增金之黃，助日之明也。如是住菴，是爲正住。

不爾住者，便未免身外有一個菴子，爲對、爲待、爲離、爲合，其取捨愛憎之情，頃刻百變，所謂生死事大，無常迅速，曾何異於是哉！當知住菴不以生死爲重任，不覺臘月三十夜到來，只個生死便是爾白日所住之菴，返爲其所住去也！宜如是觀察，勿爲日用所惑，而移其道念也。

〔註一〕　婆子放火：昔有婆子，供養一菴主，經二十年，常令一二八女子送飯給侍，一日令女子抱定曰：「正恁麼時如何？」主云：「枯木倚寒巖，三冬無暖氣。」女子舉似婆，婆曰：「我二十年祇供養個俗漢。」遂遣出，燒卻菴。（《聯燈會要》）

〔註二〕　門上書心字：昔有一老宿住菴，於門上書心字，於窗上書心字，於壁上書心字。（《聯燈會要》）

三八 圓照菴記

元、中峯明本

無法不備之謂圓，無時不在之謂照，是心也曾何法之可離，又何時之能昧。離此心不可以圓，舍此心莫之能照。圓也、照也，即心之謂乎！空谷道人，少負叢林之傑，結菴於天目山之堧塢，乃生緣之所也，扁其菴曰：圓照。匄余記之。

余曰：圓照之體，不可以目睹，不可以耳聞，不可以意知，不可以識解。擬涉毫芒，則圓不得爲圓，照不得爲照矣。道人深掩六窗，密扃八戶，經行坐臥，屏絕塵緣。萬慮不遣而自忘，一念不澄而自瑩。於斯時也，圓照之體與蒼松、翠竹、蒲團、禪板，覿體交參！了無回互，庶其近矣。不則，圓照一菴，名徒具耳！於實奚取焉。

三九　貪瞋癡箴 並序

元・中峯明本

一迷根乎自心，縱而爲貪，抑而爲瞋，合而爲癡。良由迷無自性，由不守正念而生；以其生故，曰貪，曰瞋，曰癡，皆一迷之異名也！聖人不以砒霜、鴆酒爲毒，而以此爲毒者，以其喪壞法身，淪溺慧命也。今三有界中，衆苦充滿，無有一物不本乎貪等！一中其毒，則殺、盜、淫業，四面紛合，卒莫之避。良可哀也！惟悟達自心、洞契法源之士，能奪其縱之之貪以求道，返其抑之之瞋以治心，轉其合之之癡以利人，資長法化！則貪瞋癡，果何物耶！乃爲箴曰：

惟貪如海，瞋以火喻，
癡比同雲，依一心住。
心迷則來，心悟乃去，
優劣聖凡，不離當處。
勿強分別，毋勞指注，
如手掌兮，放開捏聚。

四〇　戒定慧箴 並序

元・中峯明本

一悟根乎自心，揀而爲戒，守而爲定，融而爲慧。良由悟無自性，因不失正念而生；以其生故，曰戒，曰定，曰慧，皆一悟之異名也！聖人不以旃檀、沈水爲香，乃以此爲香者，以其光明雲台盤結不散、莊嚴法性之上妙具也。今雜華法界，衆寶充滿，無有一物不自吾戒定慧而生焉！一熏其香，則法、報、化之迹，隨念出現。其有尚存悟理，未盡功勳者，執其存之之戒以違宗，泥其守之之定以礙理，放其融之之慧以失妙，欲望其超然於寂照圓明之戶，未知其可也！戒定慧云，胡不辨哉？乃爲箴曰：

由戒而定，即定以慧，
三法互融，了無向背。
熏之為香，充塞大地，
聞惟在心，嗅不以鼻。

功用兩忘，動靜一致，
如走盤珠，不可思議。

四一 護法論後序

元・虞集

樹教聖人，其設教雖殊，然於化人遷善去惡，則其一也，故曰：「為教不同，同歸於善。」若夫，超出世間，明了生死，惟佛氏之學！

無盡居士，得兜率悅公不傳之旨，以大辯才，縱橫演說；猶慮去佛既遠，邪見者多，不知向上之宗，妄有謗訕之語，此護法之論所由作也！閩、建寧高仰山古梅禪師弟子慧欽，游方時得此論，乃與住持智了，及諸上士，謀之命工繡梓，以廣其傳，可謂善用其心矣！斯論一出，人得而覽之，殆若貧而得寶，暗而得燈，真所謂護如來正法之金湯，斬邪見稠林之利劍也。後世之士，苟未達無盡之閫奧，臻無盡之造詣，妄以斥佛為高，以要譽時流，聾瞽學者，寧不自愧於心哉！然為其徒者，不能致力於佛祖之道，亦獨無愧乎哉？

吾嘗宴坐寂默，心境混融！紛然而作，不淪於有；泯然而消，不淪於無。語大、則天下莫能載；語小，則天下莫能破。雖有智者，其猶有所未盡也！然後乃知，凡可以言譽、可以言毀者，特其道之麤耳！至若實際理地，清淨妙明，凝然湛然，了無一法：則又果何所毀？果何所護哉？慧欽乃欣然，請書以爲後序云。

了、字徹堂，飽參來歸，據席説法。欽、字肅萕，清心苦行，不私於己。皆足以恢弘古梅之道，并識之。

至正五年二月既望　前奎章閣侍書學士翰林侍講學士通奉大夫知制誥兼修國史　虞集微笑亭書。

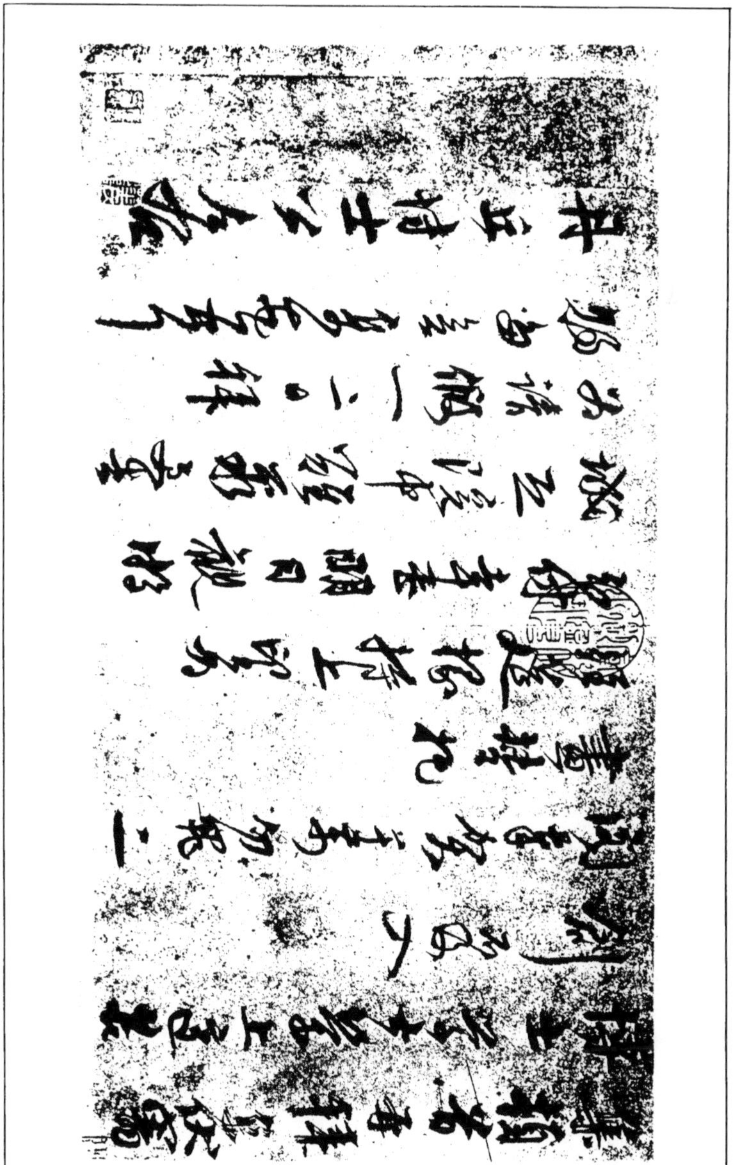

虞集致丹丘博士尺牘手跡（西元一二七二～一三四八年）

四二　師子林菩提正宗寺記

元・歐陽玄

姑蘇城中，有林曰：「師子」，有寺曰：「菩提正宗」，天如禪師惟則之門人，爲其師創造者也！

林有竹萬箇，竹下多怪石：有狀如狻猊者，故名「師子林」。且師得法普應國師中峯明本公；中峯倡道天目山之師子岩，又以識其授受之原也。寺名「菩提正宗」者，帝師法旨與以是額也。其地本前代貴家別業，至正二年壬午，師之門人相率出貲，買地結屋，以居其師，而擇勝于斯焉！

因地之隆阜者，命之曰山；因山有石而崛起者，命之曰峯，曰「含暉」，曰「吐月」，曰「立玉」，曰「昂霄」者，皆峯也。其中最高，狀如狻猊，是所謂「師子峯」。其膺有文，以識其名也。「立玉峯」之前，有舊屋遺址，容石磴，可坐六、七人，即其地作「棲鳳亭」。「昂霄峯」之前，因地窪，下濬爲澗，作石橋跨之，曰「小飛虹」。他石或跂，或蹲，狀狻猊者不一。林之名，亦以其多也。

寺左右前後，竹與石居地太半，故作屋不多。然崇佛之祠，止僧之舍，延賓之館，香積之厨，出納之所，悉如叢林規制。外門扁曰「菩提蘭若」，安禪之室曰「臥雲」，傳法之堂曰「立雪」，庭舊有柏者曰「騰蛟」，今曰「指柏之軒」，有梅者曰「臥龍」，今曰「問梅之閣」，竹間結茅曰「禪窩」，即方丈也！上肖七佛，下施禪坐，間列八鏡，光相互攝，期以普利見聞者也——大概林之占勝，其位置雖出於天成，其經營實由乎智巧；究其所以然，亦師之願力所成就也。

師每説法，參問多至數百，隨其悟解，開導誘掖。有所質疑，剖析至當，莫不虛往實歸。至於安衆，必擇法器，不泛然以容。檀施與貲，視師意嚮，亦不强委。師取供具，財足即止。諸行省平章，若河南之圖魯江，浙之道童，江西之買住；行宣政院使，若岳叔木肅；政使者，若普達實立，稽顙問道，執弟子禮彌恭，旁觀異之。師法施平等，官資崇庳（庳，音婢，屋卑也），若罔知也。

寺成之十三年，宜春比丘嗣談，以臨川比丘克立所撰事狀，來京師謁余爲記。余聞師之名，起敬日久！既摭其事狀，述寺之勝，概而記之；其師子名義，則必有以復於其師與友也。

古有師子音佛，有師子武，佛言：佛之威德，能制諸魔也。又言師子乳一滴，可迸驢乳百斛。言佛法之真實，能破諸妄也。又若文殊之學得於智，普賢之學得於行。智之勇猛精進，莫師子若，故文殊之好樂在師子。行之謹審靜重莫象若，故普賢之好樂在象。後之肖二菩薩者，以之莫詰所從也。今天目之所謂岩，姑蘇之所謂林，其取義必居一于是矣！豈獨以山石肖貌言之乎？

雖然，物有禁格，而後有伏降；有比擬，而後有真贗。孰若物我兩忘，形勢俱泯：以師子還師子，以石還石，以林還林；然後佛自還佛，法自還法，菩薩自還菩薩哉！論至於是，師必有以警策其徒矣。

余聞師所說法，不設庢險，不輕揄揚，不自陳衒悟解緣由，以啓學人捷出蹊徑。其爲學平實縝密，鞭辟近裡。一時諸方之乍見乍聞而張磔旁午，未證未得而棒喝生風者，聞師所言皆噤！故自中峯以來，臨濟一宗，化機局段，爲之一變焉。師舊多論建，有《楞嚴會解》若干卷，有語錄、別錄、剩語若干卷，行于世。近乃一掃空言，不尚文字，於談之請、立之狀，余之記能無綺于茲乎！

師俗姓譚氏。吉之永新人。江浙諸名山屢請主席，堅卻不受。遁跡松江之九峯間，十有二年。道價日振，帝師與以「佛心普濟文慧大辯禪師」之號，兼與金襴僧伽梨衣。

至正十四年甲午五月癸未　廬陵歐陽玄記

四三 折疑論會正篇（三教略介）

元•妙明子成

佛，昔居睹史多天，故名護明菩薩。降神迦維羅國淨飯王宮，以周昭王甲寅二十四年四月初八日，於毗婆尼藍園波羅叉樹下，於母摩耶右脅而生。十九踰城出家成佛，德相妙好，住世七十九年，談經三百五十度。以周穆王壬申五十二年二月十五日，入般涅槃。其道本乎：明析色、心（五蘊）指陳因果，排列行位（十信、十住、十行、十迴向、十地），透脫生死，越四暴流河（欲流、有流、見流、無明流），超三界彼岸，捨凡從聖，得大菩提。末後拈花示衆，教外別傳，不立文字，直指人心，本來是佛。以正法眼藏，涅槃妙心，傳付飲光。達摩東遷，特明此事。其來也，月現江心；其逝也，日沈山頂。道高堯、舜，德邁羲（伏羲）、軒（軒轅）。分身混沌之前，流教太虛之始。不生不滅，出九層圓蓋之天（道出九天之上。易數九者，老陽至盡之處）。無去無來，超八維方質之地。大矣、廣矣、汪哉、洋哉——巍巍乎不可思議者也。

老子，原載《興正錄》云：周定王丙辰二年二月十五日，老子降神於亳（音樸，

《錄》載：老子生於楚國陳郡苦縣賴鄉仁里），母懷八十一年，誕於李樹下，遂指爲姓。生而皓首，爲周柱下史（掌禮之官）。周道既衰，戰國縱橫，牛駕而行，擬遊西竺。過函谷關，爲關令尹喜，說道、德二篇。西涉流沙，薨於槐里。其道本乎專氣致柔，抱一守真，實腹虛心，少私寡欲。視之不足見，聽之不能聞，寂兮寥兮，獨立而不改，周行而不殆。然後設無爲之化，行不言之教。足以還年卻老，羽駕長生，共陰陽以晦明，與天地而遐久。非含和蘊素，忘懷守雌者，不足與語此道也。

孔子，原載《興正錄》云：周靈王二十一年十一月四日生孔子。《年譜》云：周二十二主靈王二十一年十一月四日，孔子生於兗州鄹邑平鄉闕黨里。父叔梁紇，母顏氏徵。適周道衰微，淳風墜地，周流天下，高而無位。伐樹於宋（傳道宋國，居樹下，宋人遂將樹伐之），削迹於衛（孔子過衛，國人削其脚跡），見辱於陽貨（陽貨，季孫之臣），被誚於接輿（楚狂陸通），畏於匡人（夫子遊於匡，宋人圍之數匝，子絃琴而不輟。論語曰：天生德於予，匡人其如予何），困於陳蔡（孔子在陳蔡絕糧），窮詞於盜跖（盜跖，大盜也），受毀於桓魋（宋司馬也）。年七十有三，而終於魯。其道本乎：道、德、仁、義、禮、樂、恭、儉、溫、良、慈、讓。文行忠信，祖述堯舜，憲章文武。刪詩書、定禮樂、讚易道、補春秋、作孝經、理欹器。受道於漁父，問禮於老聃。正三綱（父子、君臣、夫婦三綱也），明五紀（仁、義、禮、智、信）。配天祀帝，享祖尊親。僕妾竭其歡心，臣子盡其忠孝。居家理治，長幼順從。身揭日月之明，道歷乾坤之固。此略其實也。

總結：

仰之彌高，鑽之彌堅，
瞻之在前，忽焉在後。（儒）
居則善地，心則善淵，
迎之無首，隨之無後。（道）
生而無生，滅而無滅，
離相寂然，絕諸戲論。（釋）

四四　藏經讚

明成祖

朕惟如來，爲一大事出現，演三藏十二部之玄言，所以指教垂義者，尚矣！自其言流于中土，翻譯其義，以化導羣類，非上根圓智之士，鮮能以通之。而得其要者，或寡矣！

夫治心修身，所以成道。心也者，虛靈明妙，煥然洞澈，該貫萬里，而無所遺也。是故啓多聞，必由於藏海；原萬法，本歸於一心。以是修證，超乎圓妙，常住不動，無有所蔽。此誠末世之津梁，迷途之明炬也。

朕撫臨大統，仰承鴻基，念皇考皇妣生育之恩，垂緒之德，劬勞莫報。乃遣使往西土，取藏經之文，刊梓印施，以資爲薦揚之典。下俾一切生靈，均霑無窮之福。如是功德，有不可名言。

若夫世之由迷惑真，交纏故業，茫然而莫知所歸者，不究竟於斯，亦莫能得其體而返其真也。推是心以濟拔流轉，引援沈淪者，亦如來慈悲之願也。

用是爲讚，以揭于卷首，且以翼流通於無窮焉。讚曰：

如來演義諦，法音遍充周，
世界恆河沙，一一皆具足。
化導於羣類，咸得成正覺，
有漏諸微塵，悉超於覺海。
歷阿僧祇劫，廣開方便門，
迷妄執空華，一切了明徹。
有一弗徹者，誓不成佛陀，
我今念衆生，是故廣演說。
深心奉塵剎，俱願證菩提，
上報二重恩，下濟諸途苦。
並登無上覺，欲漏盡消除，
成就勝妙心，以拯諸末劫。
廣此密因義，布施於竺乾，
頻伽大梵音，至妙不思議。

如十方擊鼓，無礙於音聲，
有耳皆獲聞，聞者皆成覺。
堅固無動轉，永不墮輪迴，
世尊為證明，作如是讚歎，
功德不可說，永被於生靈。

永樂八年三月初九日

四五 御製水懺序

明成祖

夫三昧水懺者，因唐悟達國師知玄，遇迦諾迦尊者，以三昧水爲濯積世怨仇。知玄遂演大覺之旨，述爲懺文，普利將來，甚盛心也，其福德莫可涯涘！

所謂三昧者，正受之名也；不受諸受，乃爲正受，真空寂定，此心不動！其要，使人求之於己而已。蓋人之生於世也，自非上智之資，豈能無故作、誤爲之愆？或宿世寃業之繞？如來廣慈悲之念，啓懺悔之門，苟能精白一心懺悔爲善，則積累罪業一旦冰釋。譬諸水也，身之煩而濯之無不清，衣之污而滌之無不潔，器之穢而溉之無不淨。其幾不踰於方寸之間而已矣！故曰：心者身之神明。所爲善則善應，所爲惡則惡應，若影之隨形，響之隨聲。其效驗之捷速，不爽毫髮。此三昧水懺之作，所以利於人也！其功博哉！

恆惟：知玄以十世高僧，尚負宿報，矧常人乎？昔孫皓穢犯金像，陰遭譴罰，懺悔自陳，禍即消釋。法佐交車議師，不慎幽獨，師加重責，以懺獲免。若此者固多：凡人揆之于心，豈能無愧！匪由懺悔，曷以滌除！端能趨進善塗，一絲惡念不萌於心，則災禍潛消，福德增長。若雨潤羣卉，生息繁茂；目雖不睹，而陰受其滋益者多矣。然則三昧者，其惟在於人心，而不必他求也！

朕遂書此，以冠于篇，并以鋟梓，作方便利益。是爲汲大海之三昧，以遍周沙界，灌濯塵劫者也！觀於斯者，尚慎其所趨向哉！

永樂十四年七月初一日

四六 寄母

明・古庭善堅

子出家行腳，失孝養，背慈育，倏忽二十餘年，爲罪多矣。雖然，百年幻影，無過一期，苟奉如來教，登佛祖位，出生死輪，將無量劫來寃親平等，況父母耶！母既捨子爲僧，依佛所言，出家功德，莫可涯量；此之功德，皆歸於母。

勸母從今以後，返觀自身，四大本空，因情故有，以致生死相續。母但觀我，我我如空，妙相渾然，當體即佛。母以真際爲子，子以無見侍母；母子既空，心情智寂，惟我老母，妙性真常。性者，即子即母，性等虛空，廓無邊際，虛空性中，別起一念，母子情愛之見，早自繫心于輪迴，生滅之根本也；若就見中著倒，念念不忘，至于六道四生，從劫至劫，了無出期矣！

望母一切處，一切時，一切念，但舉一佛號；這一聲佛，實從我母心地流出！母不必多念，惟看這一句佛出處，無起絲毫想子之心。若起此心，則錯過這一句佛也！母于這裡，但記著念頭，也莫作佛想，也莫作子想，及一切妄想，一切頓除：

只此頓除之念，亦莫在念！當念處，即得身心頓融，如虛空相似。母與塵見，則爲十方諸佛佛心之所見也！子即母心，母心即子，世出世間不捨諸佛，同爲眷屬。

蓋諸佛菩薩，亦皆從凡證聖，知一切空而不住著，于不住著，而非遠離，心得自在，永超生死。蓋子爲十方諸佛之子，母爲十方諸佛之母，以母之一念，總持十方諸佛之威德故；以子之一心，具足十方諸佛之真智故。母之念與子之心無差，子之心與母之念無別。母與諸佛同坐一光，子與衆生實無二見。無彼無此，無我無人，智齊一切，一切即智。智智恆智，了無間斷，心超諸法，永絕生死。法以心明，智以法遍，法智一空，一空空空。了見如斯，則佛見也。

——其餘情妄、親愛，子久忘矣！老母高萬福。

四七 慈壽塔寺碑文

明・張居正

昔阿育王，獲佛舍利八萬四千顆，各建塔藏之，散布南洲：今五台靈鷲前塔，是其一也。我聖母慈聖宣文明肅皇太后，前欲剏寺於此，爲穆考薦福、今上祈儲；以道遠中止，遂於都城西，建慈壽寺以當之。居正業已奉勅爲之記。顧我聖母至誠精虔，不忘始願，復遣尚衣監太監范江、李友輩，捐供奉餘資，往事莊嚴，勅建大塔院寺，并：護國祐民釋迦文佛舍利寶塔。工始七年九月，成於十年七月。所費金錢，出自內帑。聖母復命臣記之。

臣竊惟：聖人之治天下，齊一幽明，兼綜道法：其粲然者，在古先帝王垂成憲、著章程於世矣。乃有不言而信，不令而行，以慈蔭妙雲，覆涅槃海，饒益羣生：則大雄氏其人也。其教以空爲宗，以慈爲用，以一性圓明，空、不空爲如來藏。即其說不易知，然以神力，總持法界，撈漉沈淪，闡幽理、資明功：亦神道設教者，所不廢也。

我聖母誕育皇上，爲億兆主，養成聖德，澤洽於內，施及外方，日所出入，靡不懷服。至如寧靜以奠坤維，建梁以拯墊溺，儉素以式闈帷，慈惠以布恩德；含生之倫，有陰蒙其利而不知者！所種孰非福田，所證孰非菩提哉！乃益建勝因，廣資冥福，託象教以誘俗，乘般若以導迷。斯可謂獨持慈寶、默運化機者矣。

先是，虜酋俺答，款關效貢，請於海西建寺，延僧奉佛。上可之，賜名曰：仰華。至是，聞聖母作五台寺，又欲領其衆，赴山進香。夫醜虜嗜殺，乃其天性，一旦革彼凶慝，懷我好音——臣以是益信佛氏之教，有以陰翊皇度。而我聖母慈光所燭，無遠不被：其功德廣大，雖盡恒河沙數，不足以喻其少分也！

乃拜手稽首，庸記歲月，系之以詞曰：

「於惟慈氏，闡教金庚。

以般若智，濟度羣生。

普天率土，莫非化城。

法雲慧日，布濩流行。（布濩：流散之意）

雁門之西，亦有靈鷲。

七級浮屠，巋然特秀。

阿育獲寶，散布緇流。
南飛一粒，永鎮神州。
塵劫幾更，山川不改。
重建妙因，機如有待。
惟我聖母，天篤慈仁。
總持陰教，覆育蒸民。
莊嚴寶剎，於茲靈壤。
龍象巍巍，人天共仰。
既右父母，亦右我皇。（右，佑也）
定命孔固，寖隆寖昌。
臣庸作頌，億載垂光。」

特進光祿大夫左柱國太傅兼太子太師吏部尚書中極殿大學士　張居正

四八　戒殺放生文序

明・嚴訥

蓮池上人，少通六藝，文成而紙貴洛陽；長練三車，忍證而宗超葱嶺。勇披毗黎之鎧，瑩握摩尼之珠；當經禪暇，愍切迷流，於尸羅中，特申殺戒。

蓋以血氣之屬，莫不有知，蜎蠉之倫，無非同與。充吾惡死之心，豈宜戕物；體帝好生之德，用導昏衢。夫惻隱之心，人所同具；刲燖之慘，世所易明。綢繆種族，古今之致常然；躑躅喪羣，禽鳥之情何異！乃蚊蚋噆膚而生煩；砧刀加物而靡恤。刳彼膏膋，充茲口腹；反之於心，予仁安在？推之於報，怨對奚辭！既隨强弱而遞相吞食，遂緣償負而長歷輪迴。

於是如來，然慧炬於重幽，拯羣苦於八難；令斷殺因，不纏惡果。當茲末法，久昧斯言；而禪師滌五欲之泥，釋三有之網，於音聲海，鼓智願船，濟彼胥溺，臻於一真。猗歟，旨哉！

法無分於頓漸，入皆不二；道靡間於聖凡，信爲第一。苟能循師不殺之戒，而諦觀吾起殺之因：爲生於靈知之心？爲發於膚骨之體？心本慈悲，何因殘害？體無覺識，寧具貪瞋！心忘、則聲臭有所不知，是嗜味者不由於體；體寂、則愛惜無以自起，是好殺者不由於心。二既無有，中何從來？故知身心本淨，習惑妄縛。得本淨之妙，則此戒不由於外鑠；解妄纏之蔽，則大悲莫遏於中心。入三摩地，成等正覺，由於是矣。

余少聞子輿遠庖之訓，已深愛物之慈；茲覽禪師戒殺之篇，益重護生之念！遂命兒摹刻，廣世持流云。

賜進士出身光祿大夫太子太保吏部尚書武英殿大學士知制誥國史典誌總裁官　海虞嚴訥譔

四九 戒殺文

明‧雲棲袾宏

世人食肉，咸謂理所當然；乃恣意殺生，廣積怨業；相習成俗，不自覺知。昔人有言：「可爲痛哭流涕長太息者」是也。計其執迷，略有七條；開列如左，餘可例推云：

一日、生日不宜殺生——「哀哀父母，生我劬勞。」己身始誕之辰，乃父母垂亡之日也。是日也，正宜戒殺持齋，廣行善事；庶使先亡考妣，早獲超昇；現在椿萱，增延福壽。何得頓忘母難，殺害生靈，上貽累於親，下不利於己？此舉世習行而不覺其非，可爲痛哭流涕長太息者，一也。

二日、生子不宜殺生——凡人無子則悲，有子則喜。不思一切禽畜，亦各愛其子！慶我子生，令他子死，於心安乎？夫嬰孩始生，不爲積福，而反殺生造業，亦太愚矣！此舉世習行而不覺其非，可爲痛哭流涕長太息者，二也。

三日、祭先不宜殺生——亡者忌辰，及春秋祭掃，俱當戒殺，以資冥福；殺生以祭，徒增業耳！夫八珍羅於前，安能起九泉之遺骨而使之食乎？無益有害，智者不爲矣。此舉世習行而不覺其非，可爲痛哭流涕長太息者，三也。

四曰、婚禮不宜殺生——世間婚禮，自問名、納采，以至成婚，殺生不知其幾？夫婚者生人之始也；生之始而行殺，理既逆矣。又婚禮吉禮也，吉日而用凶事，不亦慘乎！此舉世習行而不覺其非，可爲痛哭流涕長太息者，四也。

五曰、宴客不宜殺生——良辰美景，賢主佳賓，蔬食菜羹，不妨清致。何須廣殺生命，窮極肥甘；笙歌饜飫於杯盤，宰割怨號於砧几？嗟乎！有人心者，能不悲乎？此舉世習行而不覺其非，可爲痛哭流涕長太息者，五也。

六曰、祈禳不宜殺生——世人有疾，殺牲祀神，以祈福佑。不思己之祀神，欲免死而求生也；殺他命而延我命，逆天悖理，莫甚於此矣！夫正直者爲神，神其有私乎？命不可延，而殺業具在。種種淫祀，亦復類是。此舉世習行而不覺其非，可爲痛哭流涕長太息者，六也。

七曰、營生不宜殺生——世人爲衣食故，或畋獵，或漁捕，或屠宰牛羊豬犬等，以資生計。而我觀不作此業者，亦衣亦食，未必其凍餒而死也。殺生營生，神理所殛；以殺昌裕，百無一人。種地獄之深因，受來生之惡報，莫斯爲甚矣！何苦而不別求生計乎？此舉世習行而不覺其非，可爲痛哭流涕長太息者，七也。

五〇 緇門崇行錄序

明・雲棲袾宏

僧問：「沙門奚事。」曰：「事道。」「事道孰爲本？」曰：「德行爲本。」僧云：「甚矣！子之固也。利以慧入，鈍以福修；沙門者，取慧焉，足矣，德行奚爲？」予曰：「先民有言：德行，本也。又云：士之致遠者，先器識。況無上菩提之妙道，而可以受非其器乎哉？」

獅子之乳，匪琉璃瓶，貯之則裂。舉萬鈞之鼎，而荷以一葉之舟，不顛趾而溺者幾希奚！

今沙門稍才敏，則攻訓詁、業鉛槧如儒生；又上之則殘摭古德之機緣而逐聲響、捕影迹，爲明眼者笑。聽其言也，超佛祖之先；稽其行也，落凡庸之後。蓋末法之弊極矣！

予爲此懼，集古善行，錄其要者，以十門羅之。何者？離俗染之謂僧；故清素居其首。清而不嚴，狂士之清也；攝身口意，是諸佛教，故受之以嚴正。嚴正由師訓而成，師者，人之模範也，故受之以尊師。親生而後師教，遺其親是忘本也！戒雖萬行，以孝爲宗，故受之以孝親。忠孝無二理，知有親，不知有君，私也！一人有慶，而我得優遊於林泉，君恩莫大焉！故受之以忠君。忠盡於上交，而惠乏於下及，則兼濟之道虧，故受之以慈物。慈近於愛；愛生著，出世之礙也，故受之以高尚。高尚，非潔身長往而捨衆生也，欲其積厚而流光，故受之以遲重。遲重而端居無爲，不可也！故受之以艱苦。勞而無功，則苦難而退：因果不虛，故受之以感應終焉。

十行修而德備，則任法之器也。地良矣，而後佳種投；心醇矣，而後至言入。無上菩提，庶可希冀。不然，一鄙夫身！人道未全，焉知佛道？即使利根多慧，而慧彌多，障彌重，將安用之？

僧云：「吾法一塵不立，十行何施？」予曰：「五蘊紛紜，四大叢沓，何謂無塵？」僧云：「四大本空，五蘊非有。」予與一掌曰：「學語之流，如麻似粟。未在，更道！」僧無對，艴（音弗，作色也）然而起。

予笑曰：「蔽面塵埃，子何不拭！」「慎之哉，毋升高不自卑，無妄談般若，自取殃咎！無醉於虛名，修其德，殫其精誠，以致力於道，力極而心通，然後知不撥萬行，不受一塵，終日不空，終日不有，夫是之謂真慧。願吾子究心焉！」

予未聞道，兼薄於德，今爲此書，惟務救時弊，而酬佛恩耳。明達之士，苟不因人棄言，幸展轉以告夫禪者！

萬曆十三年仲冬日　杭沙門袾宏識

五一 頤僧歌

明・達觀眞可

君不見，大塊內，大塊外，凡屬有形皆聚沫，
風卷滄溟徹底枯，皮既不存毛奚賴！
今與古，知幾代，搜剔興亡多感慨，
鏡裡豪華草上霜，日出浮光竟安在！
大道喪，仁義起，愚智遑遑分彼此，
七雄五伯殺氣驕，楚狂悲鳳譏孔子。
李伯陽，爾胡為，去華取實亦支離，
欲返真淳盤古心，時人未必解相隨。
窮百家，討眾論，傍門駢戶增迷悶，
精閑文武戰功名，究竟空餘千載恨。
自秦來，不可說，刀并山河流杵血，

雖然美惡不同觀，到頭名分嘶先列。
千算計，萬思量，古往今來夢一場，
寒暑相推毛易白，爭如削髮禮空王。
空王業，貴人紹，生死中流施櫓棹，
有緣拍手便登船，一念不生等麁妙。
死井水，豈藏龍，巨靈一撥泥沙通，
百千三昧總心源，橫拈豎弄振家風。
有等人，眼睜睜，欲心如火覓長生，
誰知生是死之媒，媒在終難藥物成。
縱得成，必有壞，有壞修之非所解，
少年自笑學飛昇，一段風騷幾為賣！
多算勝，少算敗，算來算去為僧快，
五蘊身心水即波，聖凡坐斷無罣礙！
一瓶一鉢海山寬，雲行鳥飛恣歌唄。
願為僧，願為僧，世世生生繼祖燈，

四弘為轂法為輪，碾斷眾生愛與憎。
杜鴻漸，王欽若，生願為僧死負約，
不榮相國貴為僧，達者自知解與縛。
青山曲，碧水灣，松竹風來益道顏。
相逢若問為僧事，須信為僧非等閒。

五二　費閑歌

明・憨山德清

講道容易體道難，雜念不除總是閑，
世事塵勞常罣礙，深山靜坐也徒然。

出家容易守規難，信願全無總是閑，
淨戒不持空費力，縱然落髮也徒然。

修心容易遇師難，不遇明師總是閑，
自作聰明空費力，盲修瞎鍊也徒然。

染塵容易出塵難，不斷塵勞總是閑，
情性攀緣空費力，不成道果也徒然。

聽聞容易實心難，侮慢師尊總是閑，
自大貢高空費力，聰明蓋世也徒然。

學道容易悟道難，不下工夫總是閑，
能信不行空費力，空空論說也徒然。

閉關容易守關難，不肯修行總是閑，
身在關中心在外，千年不出也徒然。

念佛容易信心難，心口不一總是閑，
口念彌陀心散亂，喉嚨喊破也徒然。

拜佛容易敬心難，意不虔誠總是閑，
五體虛懸空費力，骷髏磕破也徒然。

誦經容易解經難，口誦不解總是閑，
能解不依空費力，日誦萬卷也徒然。

五三　蓮社成規

明・顓愚觀衡

圭峯禪師云：「今知心是佛，心定當作佛。」諸上善人！今既知人人具有佛性，個個本是彌陀，從今已去再不可作衆生顛倒之事！口常念佛，身常禮佛，心常想佛。

想佛者，想佛清淨法身即是我之本性，無生無滅，不墮諸數，常要超越聖凡名相。想佛智身，無障無礙，慈悲喜捨，常行慈悲方便，與佛無二。想佛色身，相好光明，解脫自在，常要厭離五欲，莫生貪著。

心既是佛，又行佛事，不名爲佛，又名何等？豈非頓登佛地，此即是成佛要門也。如是行去，不待往生，而佛身具足；再入蓮質，更見增修。直至圓滿菩提，永無退屈。

如無決定信心，別求玄妙知見、向上機緣，恐不免誤入枝岐。應慎之，慎之！如決定信心念佛，行住坐臥之中，不可間斷。此是各人自己密綿工夫。

亦要興揚三寶，開導萬方。相邀同志，或十人，或三五十人，擇幽僻伽藍之地，結會定期同聲念佛。使若見若聞，同登蓮品；在僧在俗，共躋佛乘。此自利、利他，成佛之妙行也。

五四　示伯賢王居士念佛語

明・顓愚觀衡

諸佛諸祖種種言教、機用，總是念佛一事！但有理、事、頓、漸不同——究竟只是念佛、成佛至矣！又則，佛本是一，唯念有差別，因念有理、事、頓、漸不同，致所見佛有法身、報身、化身不一。是佛無差別，差別在念耳。此念大開二種。

一、理念，即念佛法身。亦有二種：

其一、離名字念。但念一念未生，本無生佛之名，亦無罪福之相；但有佛見，法見，即屬染污，失於正念！所以當時釋迦拈花，迦葉微笑，不立言說，恐落名相，諸祖相傳，唯此一清淨正念。所以祖師門下，凡見人起心動念，非棒即喝！如不棒喝，即向異類中行去！總是善護念清淨自性天真佛也。亦善護念一切衆生，使其一念不生，即如如佛。是古人棒喝機用，乃念佛之妙行，非別有奇特。此是離名字念。

其二、亦念佛法身：亦不以佛念，不以法念，不以有念，不以無念；此與前念似同，但見有法身可念，前念法身亦不立，更有超越。此二種俱爲理念：念佛清淨法身也。

二、事念。其要有三：一口念，常持佛名號，贊佛功德。二、身念，常頂禮、恭敬、供養、親近。三、意念，有二：一念佛福，究竟報身，有無量無邊相好光明。二念佛慧，究竟智身，有無量無邊慈悲喜捨，解脫神通。此三念、五行皆事念：念佛報、化二身，福、慧二嚴。

是則佛祖言教，種種不同，總不出此念佛二字，盡矣！

又事念中五行，唯持名一行，最簡最要！不用觀性、觀相，不用求解、求悟；但持名號，將無量劫來妄想習氣，都化爲智慧光明！持此佛名時，念念是法身現前，念念是光明相好，念念是慈悲解脫：豈不是三身圓現，五眼圓明，唯此南無阿彌陀佛六字盡矣！何用別求玄妙，反爲知見之所累！居士宜勉之。

五五 進道偈

明・吹萬廣眞

師慨四生中，得人身者最難；人身中具世間智者更難；世間智中，發出世間智，亦復爲難；出世間智，而具上上智者，難愈難矣！故拈偈，以勉諸學人：

世間恁麼廓，不出四生類，
卵生有鳳鸞，誰曾披法服。
合感稱溼者，鯤鼇已極矣，
只能負金山，激水而羽去。
化以離而應，上則為最樂，
中入米麥蟲，下而地獄界。
唯有胎眾生，獅麟駱駝虎，
象馬牛羊特，貉豹豺狼豕，
猫鼠狐犬兔，熊猩猨狙獼。

獅子女人國，九夷南八蠻，
六戎北五狄，間生華夏中。
盲聾及瘖瘂，躄跛痀瘻者，
歌妓摩登伽，奴婢傭人隸，
農賈工技等，取士復能幾？
士有世間智，將相復少分，
忠良為輔弼，千分中一分。
於是四種中，尋伺出世人，
婆羅門居士，優婆塞有數。
又取比丘僧，出世精進者，
萬分存一毫，而接佛命脈。
何乃諸兄弟，不自揣輕重，
念念恆放逸，而甘成暴棄。
所以袈裟下，線縫事不明，
猶倒峯上石，一墜不見底。

我勸諸賢聖，精進須勤策，
還我本來人，手舞足蹈樂，
不被八倒纏，早遂逍遙志。
回首運慈悲，提拔諸苦類，
號曰天人師，光明續燈燄。

五六　寄越峯堂頭書

明•大休淨珠

我佛遺言，千經萬典，祇囑後弘法者，以慈悲喜捨四無量心，廣度衆生，并不見有打罵擯逐而度衆。末法之時，只宜柔和善順而接物，謙讓厚道而益人，則自也安，衆亦安，叢林亦安。如惡性比丘不服善者，只可默擯而已。若加以擯逐視如寃家，則我與彼何殊！何名善知識。善知識能調物情；自尚不能調其心性，何能調物耶?幸子道場相去山僧不遠，事有決斷不下，不妨過我請益。

凡事子，只把大途，瑣屑小事，置之無聞。正所謂：不啞不聾，難做阿家翁。若件件責之以禮，久久衆心不安，便有參商。閒暇接人之際，不得帶水拖泥。端居丈室，律身清潔，將日前所得，所證一著子，單提本分，令人直下承當。使後學有眼，叢林有主。是者還他是，不得欺心瞞昧；非者斥他非，使有進趨分。不可以非說是，羅籠當世，熱鬧門庭，賤賣佛法。亦不可以是說非，欺心瞞昧，使學者岐路亡羊：若然，智者日退，不肖者日進，法道焉能振作耶！

上堂説法，切不可敘人情，舖文理；人情、文理，乃世諦流布事，不見題目就云：當觀第一義。擬議之間，落七落八了也！何況敘寒溫耶？即方丈內尚不得説世諦，況擊動法鼓、諸天龍神俱來聽法，寧無畏乎？於陞座時，直須胸中常坦坦，無名、無我、無佛、無祖，目前無礙，便如獅子哮吼也。

家常之法，豐儉隨宜，卻不可飲食哄小人住。一犯此咎，便非正經人。正經人只貴道眼清明，爲人的當，雖飲食菲薄，何妨乎道！若以豐衣飽食，混帳過日，有何益哉？凡夫習氣，同乎鼎沸，縱一言一語相應於行履中，未必相應於一切境界上。著眼看他，若逆順境界過不得，便見生死宛然，此人決定付法不得。

今有十宜，以誡將來，子宜珍重：

胸襟宜寬，眼目宜明
授人宜擇，操行宜古
處事宜長，發言宜當
臨眾宜容，立身宜潔
導人宜慈，規諫宜聽。

守此十宜，自然見處寬通，受用廣大，法道日隆，災害日遠，扶末世於將來，弘吾道於今日，是我之萬望也。

五七　復洪都彭參議（辯後身之說）

清・古雪眞喆

景仰高風，未遑晉謁。然神交千里，又未可以形迹論也。昨無念禪人攜《龍舒淨土文》並大疏至，益見左右不忘靈山囑咐，示現宰官身，隨類隨機，以化導羣生者也。至謂：易濁界爲樂邦，不作二觀，不作二念，亦不作一觀，不作一念——則又超出龍舒一頭地矣！非親見作家宗師，入不二法門者，安能若是哉！欣羨，欣羨。

某竊聞：先聖出世本懷，靡不爲一大事因緣故。蓋衆生根器萬殊，不能一概直下承當，不得已，乃有權、實、頓、漸、偏、圓、半、滿之談。皆因機、因時，初無定法。遇上根利智者，與之論第一義；中、下二機，則以權漸之法而攝受之。今所謂淨土法門，權漸之謂也。執圓頓而廢權漸固非矣；執權漸而毀圓頓得無謬乎！然，法久弊生，非特參禪一門爲然；即三教、九流，乃至百千法門，莫不皆然！其起弊在人，其救弊亦在人：不可因人而廢法。

若謂參禪弊多，傳燈諸老皆未脫輪回，則世尊不當拈華、達磨不合西來矣！今龍舒文中，廣引無根事迹，以證參禪之弊，其爲誣污五祖（五祖師戒）、真如者，姑置勿辨；衹如「青草堂後身曾魯公」一段，且謂宋朝有二草堂，其一曾受曾家婦人供養，感恩不淺，乃云：「老僧與夫人作兒子。」一化後果生其家，登高科、作宰相，不脫貪愛，永在輪迴云云。及考之傳燈，並無所謂二青草堂者。而草堂清，乃清濁之清。今龍舒所指青草堂，既非傳燈所錄，則非禪師明矣！今僧中稍有品格者，言不妄發，豈有一代宗師，出此猥褻之言耶？此皆庸僧口吻，遂引以爲禪弊之證。誣謗古人，自感泥犁之報，固無足惜；誠恐後進初機，一惑其說，互相非毀，同墜無間耳！

某竊謂：龍舒亦法門中君子耳；言不該典，非君子所談；豈有著述立言，不稽古訓，而可以垂範後世乎？據貧衲細閱，（第）七卷文中，必是後人僞增，非龍舒本意。蓋龍舒原文衹有十卷（增廣為十二卷）。不然，則大慧諸老，何以不爲之刪正，而特稱其爲火中蓮耶（大慧跋附後）？左右布袍蔬食，心齋坐忘，不減黃學士、龐襄陽之踐履，今復欲流通正法，以惠四方，一片婆心，盡善盡美。但譬堯非桀，仁者不爲；矧齊東野語，誣禪毀聖者乎？數段必求大筆刪定，永作竺墳董狐，使禪淨並行不悖。則彌陀古佛，亦當破顏，非特靈山會上而已！

草率奉瀆，無任神馳。伏惟台照不宣。

附　龍舒淨土文跋

妙喜老人

龍舒王虛中日休，博覽羣書之餘，留心佛乘，以利人爲己任，真火中蓮也！佛言：「自未得度，先度人者，菩薩發心；自覺已圓，能覺他者，如來應世。」予嘉其志，爲題其後。若見自性之阿彌，即了唯心之淨土。未能如是，則虛中爲此文，功不唐捐矣。

庚辰八月二十日書於劉景文嬾窠云雙徑妙喜宗杲跋

五八　示敏一居士居家修省十法

清・攖寧智靜

師念近代塵中之士，皈向三寶者甚廣，恐其偏信，近於理，忽於事，因示簡易切要，以便其學，以謹其行。雖爲一人說，而與衆兼之之意，蓋有深沐焉。

一、觀身如幻泡

觀此身四大和合而成，百年修短，倏忽異世。當一切處割截貪愛。應念此身，爲衆苦之本，智者視之，驚歎業聚，終不隨其妄緣，作諸罪垢。又念：不假是身，聖因難就，要當急切究竟生死遷流。把目前恩愛盡情拋卻。總以住世如旅館、驛亭，若夢、若影，則道念必有趨進時也。故云：「息心是道場，破情是智域。」若受其倒惑，則萬劫迷沈，遞無出期矣。噫，可不慎歟！

二、勤行須正見

得聞是法，雖宜旦暮勤求，但不可希樂人天小果，厭喧欣寂。故經云：「不爲自求，願與大地羣生，齊成正覺。」此係菩薩發心也。或云：「我本業力凡夫，已尚沈没，不得解脫，何能度人耶？」每至懷疑不下。吾故宜曉之：若人有萬里之程，必起於初步；將成萬仞之山，必始於一簣。凡夫發心，初因若廣，其願力久必培畜深厚，而證斯法。是有不可思議者！且凡聖雖殊途，而其性不異；要在其人力行如何耳！儒云：「有爲者亦若是。」從茲以往，直至成佛，衆生若盡，吾願乃盡。聽其順逆，愈久愈堅，進修吾道，決無退轉。正行正見，勤而行之，永無舛謬。

三、皈依三寶力

三寶弘名，吾人於六趣中，最難遇者。一聞其法，能消八萬劫生死罪垢，能越長夜苦海，能趨無上菩提。總經塵劫，讚莫能窮。

蓋吾佛以難行能行，難忍能忍，天上人間，歷諸苦趣，爲求大法故，爲度衆生故，乃至捨全身而求半偈，並於捨國城、妻子、象馬、珍寶，至身爲牀座，作驅役使，忘形忘世，力求佛道，而乃得成大覺世尊，十號具足，爲人天師，作羣生主。吾人業海汪洋，沈埋既久，是以正法難值，佛寶難逢。若芥子投針，蓮生火內。今得皈依，寧不生慶幸歟。

法寶者：從如來金口，敕宣教乘，列三藏法。非此不能超生死、別邪正。若杲日麗天，破諸昏暗；若甘雨降諸，普潤羣根。得逢一言半句，可證本有圓明。是以受持參究，利益無涯。大藏靈文，慧命所寄。聞之者，寧不惕勵奉重歟。

僧寶者，十力弟子！因僧得以續佛慧燈，因僧得以弘揚正法，因僧得以普利人天。是以沙門，悟其本源，與佛無殊，作世福田，破諸魔外。人間得以參求，引導迷津，住不退地。遇之者，焉可得而輕忽歟。

乃至人間天上，四生九有，莫不仗是三寶恩力，以濟其厄難。故篤信皈投，探其法味，受益始深。

如一體三寶：佛者，汝能覺悟自性，則佛寶不離汝身；汝能深透疑網，則法寶不離汝智；汝能會歸萬法，則僧寶不離行。日用頭頭，本自具足，不假外求。此即自心之三寶也。擴而言之，不出乎此。惜世之愚昧者，障蔽塵勞，驕慢橫肆，視三寶如蠛蠓，聞而不之敬信。一生報盡，萬劫何從。因表而出之，以爲深世趨進之階。得依斯法者，安可忽諸。

四、具戒不殺

經云：「五戒不持，人天路絕。」曰：不殺、不盜、不邪淫、不妄語、不飲酒食肉。此五者，即與五常，名出而異同。賢人君子，早已受之矣。目爲佛戒難持，豈非朝三暮四乎！若欲希求人天報緣，非五戒、十善，則人天無路；況欲求妙道，而勿謹持？

且，天地之道德，莫大乎好生；過莫大乎縱殺。唐相國裴休云：「凡血氣之屬，必有知，有知必同體。」雖業報不等，其性本同。我等幸居人天之中，而貪饕口腹，恣意妄殺，下筯千命；或賞時日，或慶家祐，或抱疾獻禱，種種嗜好，此皆自不覺其大患！

居家最要一門，無如戒殺；行一切善，莫越放生，祈福祈壽，莫外乎此。兼於慎言節行，禮樂衞身，生生無夭折之悲，世世無顛覆之難！既秉戒法，當盡形受持，勿生異念，至死不移。總孝子順孫，或逢疾難，亦莫惑巫師、星卜、醫家邪說，毀其戒品。且吾人壽命有定限，安可烹殺肉命而救延之？若是，則茹葷之輩，壽必齊老彭；齋戒之流，夭必其殤子矣。智士決不然其說。仁慈君子，乃至蜎飛蠕動，尚且護惜；況鱗甲羽毛乎？

以下四戒法，一宜如實行之！欲登聖果，先息業因。審能如是，何慮道之不證也！祈五濁生民，普宜覺察。幸甚。

五、持誦不怠

平居持誦，必精必專，晨昏當有規則。如閱經時，深其味，不必定其卷數。日朝起時，焚香整衣，頂禮十方常住三寶，深祈冥薰加被。室中莫令聚談，賓客混入經筵。徐徐朗誦，不急不緩。誦畢，復發弘誓願，回向九有四生，均霑法樂。

如念佛時，不可同於村童竈婦，隨口遊念，必須一心觀行。經云：「執持我名，若至七日，一心不亂，即得往生。」生彼國已，見佛聞法，悟無生忍。持誦功行，豈淺淺哉。

必宜禪淨兼修，心淨即佛土淨，心外無別法。正當念時，看我此念畢竟是誰？若今是我，何有昏迷？若今非我，何人主宰？畢須將此一句，念念追究，佛之與念，打成一片，行住坐臥，無暫時捨。忽朝囮地一聲，悟取本來是佛！了知西方祇在目前，彌陀不離當處。方謂之真持實究。但功到必圓，辦取一番久久不退之志，自然心華發現。參、持一理，宜相互融，毋忽諸。

六、禪觀力參

禪那二字，西竺梵語，此土即云思惟。以正念思惟，究竟其法。祖師云：「以思無思之妙，返思靈焰之無窮，思盡還源，即如如佛。」謂之最上乘禪，謂之心地法門。達磨大師來此土，傳是心印，直指人心，立地成佛。

昔大梅和尚，初參馬祖，云：「如何是佛？」祖云：「即心是佛。」大梅言下領旨，一住大梅三十載，草衣木食，形影不出。學人慕之，往參其道，後開法嗣馬祖。此即一句頓悟的樣子。如龐蘊居士參馬祖，悟後：有男不婚，有女不嫁，一門共證。此居士中赤幖也。個事若大鵬金翅鳥王，劈海直取龍吞手段，方名好手。是以一言之下，便當休去，歇去！

今之發心入道者，最初無決定志，無廣大心，若後將何如也？不得已開第二門，教汝參一句話頭，東咬西嚼，久久自明。又惜今之士，苦其道之高遠，一生安可了決，乃至望崖退者，何啻萬千。信知此事，須大根器人，方可提攜。如教中云：「禪定譬於水之澄湛，始可鑑照萬物。一受風波鼓扇，本體尚迷，況能鑑物乎？」吾人無始妄想，惡因結聚，如風鼓濤，欲其返悟自性，如負石登山。故必假禪觀，參一句子無義味語，日久功深，心志用竭，行到水盡山窮，則方能觸發其源。故儒云：「用力之久，一旦豁然貫通。」斯言盡之矣。欲成佛道，除此別無可進者，當無惑焉！

七、植福資道

祖師云：「實際理地不受一塵，今事門頭不捨一法。」欲求大道，必假福行爲基址，百福莊嚴。福足慧足，故佛號之曰兩足尊。學道之士，捨難捨之緣，屏其世樂，始有進趣。般若經云：「如我昔爲歌利王割截身體，我於爾時，無我相、無人相、無衆生相、無壽者相。」方其時也，內不見有可愛之身心，外不見可欣之利欲，全身放倒，唯道是從：此事法也。又于斯中，表金剛旨，忘我、忘人，全體不立，斯理法也。爲法忘形，視身尚爾，身外烏足道哉！乃至種種惠施，濟諸苦難，滿彼所願，操之蒂固根深，方得悟無生忍。若根器卑而劣者，遇之未能信，信之未能行，行之未能到。故曰：「水之積也不厚，則其負大舟也無力。」斯言備矣。從古聖賢，必從檀度爲始，先令汝去其慳貪所重者，則根塵、器界，無往而不解脫矣。道之所行，宜廣其福。

八、淡泊恩愛

涅槃經云：「無明郎主，恩愛魔王，從生至生，遭其戕害。」故吾人愛網纏結，昧卻本真，一受其毒，沈淪不已！是以修省，欲離火宅。惟此愛根，甚難割截，乃至頭白齒豁，死門在即，尚爾念念不休，作馬牛之自甘，爲奴隸之所願。總大智人，十有九昧，況無慧者！經云：「有愛則生，愛盡則滅。」或曰：夫妻子女人倫之綱，爲之世紀，何以謂怨仇：恐喻之不亦甚乎？曰：非也！以人倫道中，則君君、臣臣、父子、夫婦；以修道者，固當別論。如忠孝之士，殉身救父、衛國、匡君，立名萬世，人道備矣；若出世之學，辭親割愛，捨己從人，以度諸有，法道全矣。是以出世之學，故能弘通大乘，超脫塵鎖，不同世議。

要之，趣進妙道，未見情愛封固，而得有證者！念吾生從朝至暮，從少至老，從生至死，從貴至賤，從貧至富，役使身心，無暫時捨；至睡熟時，夢中尚遭其顛倒，過在誰歟？眼見日喪而日不知，日迷而日不覺，深入骨髓，總經塵劫，牢不可拔，謂之肉刺，謂之軟繩。我佛目不耐看，因於世諦，示現王宮，捨身救度——若是標式，尚爾執迷！是觀愛之爲害甚大！乃至入四生異類，改頭換面，逐影隨形，患難不捨，迷倒無已。故云：淡泊恩愛。

必於正念反觀，生死臨頭，最親不可少代，則恩愛必冰釋矣。噫，可不畏歟！

九、時日不怠

人世光陰，如白駒過隙。死生猶有旦暮也，一失其所受，則萬劫淪喪，讀之可不寒心！是以莫把光陰等閑虛棄。少壯者，時日不再，更不可忽；老衰者，桑榆暮景，轉眼難留，尤爲急切。總之，有一息在，當究一息，除死方休；般若參功，他世絕不負矣。惜乎，舉世之流，終身役役，而不見其成功；薾（音爾，華盛貌）然疲敝而不知所為使。與接為構，日與心鬥，惡緣遍熾，白首徒歸。總不出於聲色、貨利，而作業因，往而不返，埋沈黑暗，寧不痛哉！

適有上根智士，留心性命之道，十有九錯。或墮空著有，或尋文局相，或入邪異見，誤用其心神，未蒙其益，返遭其毒，蓋不得遇真正師匠，提掇要門，揀別邪正，往往陷害，其過非細。若用功夫，不必論時日之遲速，以為利鈍。古之上士，或十年五載而後悟者，或有不假年月、敏捷如矢者，或一生剋苦而無成者，蓋其根基不同，利鈍非一。果能決志力行，遠近必到。先德云：「佛法無多子，久長難得人。」

每當自念：有識神以來，身所受身，積骨如山；所飲母乳，如四海水。異類循環，靡不歷盡！幸今得聞斯法，可脫生死，安不努力勤修，甘於放過？今之所忽，後之所迷，恐終不能遇於此日也！無論少壯、衰朽，固當勉力行之，般若種子，從此發芽。祈繩繩不懈，道可圖焉。

十、道宜專一

道若專一，則操進必正而無雜亂，是能貫通真際。如法華云：「惟此一事實，餘二則非真，終不以小乘，引導於衆生。」佛說種種法，為明一切心；若悟一切心，焉用一切法。禪家令參一句子，祇要打脫鼻孔，徹其底蘊。應知此著，爲我抽生死根，拔無明楔。一朝撥轉，煩惱即菩提，衆生即諸佛。唯在離心意識參，絕凡聖路學；無理會、無方便，唯存篤志疑究，不被餘見所惑，蕩盡倚依。忽地翻身，不一不二，名不得、狀不得。故云：「千峯勢倒嶽邊止，萬派聲歸海上消。」

然百姓日用斯道不自知者，如魚之在水而不知水，人之在性而不知性。魚若知水，則爲神龍，一滴便可興雲吐霧，灌注大千；人若知性，則爲至聖，便可度生死、超天地，允執厥中。要明喜怒哀樂之未發，即一也；天命之謂性，即一也；凡有血氣，莫不尊親，故曰配天，即一也；道可道，非常道，即一也；無我、無人、即一也。總之，聖教單明道體，除此盡爲魔說。

然吾斯論，悉是言句上支離；畢竟如何是一？居士能敏於一，把將山河大地，納向微塵中、佛祖無下口處道一，亦是空拳誑小兒！則山僧退身有分！如是始不負今日一會，儼若靈山。話柄、葛藤一併按下！幸甚，幸甚。

五九　舉業開示

清・鐵壁慧機

鄷陵李井仙迎師住平山，舟中問：「舉業如何做？」師云：「除是不讀書。」井仙服膺師語。次年發解後，熊古衆文學謁師云：「弟子輩於禪學深信而有待，願不吝慈悲，且開示舉業。」

師云：「我乃出家者流，未嘗學問。但就禪而略說。如欲參禪，先具段超越一切底大心，然後萬緣放下，從力參佛祖話頭而入，倏爾省悟時，自然頭頭上顯，物物上明，應機接物，任運無窮。

習舉業亦然是！必具段擔當持世底大志，然後收攝放心，從爛熟聖賢正文而入。看孰爲理，孰爲事，孰爲枯淡，孰爲濃潤，孰爲鏡花水月，或長或短，或上下相達，預懸鑑在腔子中；纔去把諸家註解據證，是非得失自不爽毫髮矣。久久純熟，得文字三昧，無師智、自然智，通身遍體，左右逢原，觸境遇物，都是篇最好文章，妙傳賢聖之神，如耳提面命。若先讀註解，而忽正文，縱有說話，悉成依稀彷彿，抹粉塗胭，又如嘗聽奴隸羣小之言，而正大光明之體必失，薄弱迂腐之弊難除也！

至於平奇高古，妙用臨時，局調清新，一湖風月。倘執定程式，是文章用我，非我用文章也。喻之以人爲題目：身是總破，必精神、血脈、首尾、前後，包括無有闕限。頭面是起承，要三亭、五嶽，相好可觀；頸是入題，貴流通暢快，不貴滯塞瘫疣；腹是正講，須是寬厚有容，元氣滿足；手足乃後股結句，執捉運奔，自是超邁。以人論文，文無不得；以文論人，人無不全。常山之蛇，晴空之曙，水中鹽味，色裡膠青，引伸觸類，如是而已！

然雖如是，第一不得忘卻了筆尖頭上一著！何也？古人曾有戒：『莫將閑學解，埋沒祖師心。』山僧恁麼忉怛，也是將錯就錯。」

六〇　觀世音持驗紀序

清・周克復

觀音大士，佛法之廣大教主也！過去已成正法明如來，逆來示菩薩相。立大願，不度盡衆生，誓不成佛。

菩薩云者，言覺有情也；菩薩摩訶薩者，言大覺有情也。稱觀世音者，謂觀世間衆生稱名悉蒙救拔離苦——從他機而立名也。又稱觀自在者，謂一身現千手眼，隨類應化，圓融無礙，從自行而立名也。《楞嚴》云：「由我觀聽圓明，故觀音名，遍十方界。」能以眼根作耳根佛事，故名觀世音自在無礙。

此菩薩具十四無畏、三十二應諸神通種種。左右彌陀，則爲極樂之親臣；顯化娑婆，則爲世尊之良弼；楊枝一滴，遍灑大千世界。尤與我東土衆生最有緣，凡至心持其名號，及經咒等，隨機感應，不獨慈雲偏覆南海一隅而已！

雖然，衆生當苦難時，輒呼菩薩求救：須思救苦救難之前，有大慈大悲四字。在菩薩不救度衆生，何名菩薩；然不具大慈悲，將視衆生苦難如秦越人，肥瘠漠焉無關，何肯圖救！衆生徒口菩薩之號，而不能心菩薩之心，則不慈不悲已先不能自救，況欲感菩薩之慈悲救其苦難？有是理乎？

故人無傾險好殺心，則己之刀山滅矣；人無慘毒心，則己之湯火消矣；人無不忠不孝及淫貪不廉貞心，則己之地獄枯竭矣；人無慳吝嫉妒心，則餓鬼之火息；無傲狠驕慢心，則修羅之惡調；無頑悍不靈心，則畜生之途遠矣。大悲咒云：「唯除不善，除不至誠。」則誦持之需善與誠可知。篤哉！唐別駕之言也，曰：「凡虔奉觀音者，其人必深信因果，生平不與惡事爲緣，所以惡報可滅。」

吾恐世之人，徒知求救苦難，而不求諸慈悲之心，一有不驗，遂曰：「大士弗予應。」是豈大士之感應果虛而無徵也哉！故編成而書此意，以爲之序，庶使世人誦持觀音共聞之。

順治已亥夏杪　荊溪淨業弟子周克復齋沐譔

六一　敕建南苑德壽寺記

清・弘覺道忞

諸佛以一大事因緣故出現於世；所以設教利生，無非開覺羣迷，俾明自性而已。自性明，則塵勞息；塵勞息，則法界純真；法界純真，則超然無寄。故初祖之對武帝曰：「淨智妙圓，體自空寂，如是功德，不以世求。」然，迷途未復，覺路方遙，苟不導修福嚴，則沒在諸苦，曷由自振？此覺帝之揚靈火宅，凡以利樂夫人天者至悉也！乃後世過舉，匱國窮民，專求祜祐，於靈祠象設福之修，且不勝其怨之叢！自蕭梁差跌以來，爲世儒口實，不知幾千萬喙矣。

天祚有清，我皇（順治帝）應運。爰以幼沖之年，總攬乾綱，削平四海，幅員之廣，奄有華戎。其於敬天法祖之規，致治勤民之本，遠則希蹤大禹，近實取譬漢文。語其敏求，則經生未逮；推其問察，則草野可師。所以諸凡帝典王謨，詩書六藝，朝堂之得失，相業之醇瑕，靡不洞若觀火，別若素緇。尤復契慕空宗，留神祖道，萬幾餘暇，不廢諮參。自非靈山大士悲願夙承，示作帝王，何以臻此。

然，君臨天下，十有七年，唯是日求敉寧，與民休息，概未曾勞人動衆，經營臺榭，少侈遊觀。特於順治十五年八月日，指授臣工，考卜南苑中，相厥爽塏（爽塏，高燥地也。塏音凱）之地，創茲靈宇一區。中建普光明殿，奉安釋迦文佛，侍以韋、李二天，配以十八應真。前爲護世四神王殿。再前爲三門，司啓閉也。後闢方丈，以安主法之僧，尊法教也。左右爲廚、庫、僧堂，安清衆也。殿之左翼，供觀音、文殊、普賢；右翼供地藏、藥王、藥上，皆十方世界名稱普聞之大士，所以昭往行也。復設東西二樓，懸置鼓鐘于上，所以號令晨昏也。然後繚以周垣，樹以塞門，罔不綠疏青瑣，金煌碧輝——用是集福儲庥（庥同休，美善也），上報聖母皇太后劬勞之德，教育之恩。是則我皇孝思永長，百王足法。其與專求祜祐，以庇一人者，不亦大相徑庭與！

歲在庚子，實臣僧道忞奉詔來京之明年也，于時告厥成功，中外莫知。皇帝以忞學佛之徒，于佛事門中爲能暢曉其故，命忞撰文紀事，鑱（音產，刺也）諸豐碑，將以布告臣民焉。忞愚不敏，重違慈旨，謹拜手颺言，而獻詞曰：

世雄設教，開鑿蒙昧，如抉金鎞。

上智悟明，識心達本，覺即菩提。

小機羊鹿，詔修福慧，孩幼是攜。
聖帝明王，靈山所囑，我法塹城。
徒知崇奉，匱民歛怨，國是用傾。
豈佛註誤，執事迷理，世實聽熒。
大清啟運，雲開佛日，首出我皇。
聖智生知，爰在幼沖，總握乾綱。
神武不殺，懷綏以德，揉此萬方。
勤儉斯躬，勉勉大禹，翼翼漢文。
金玉為度，克明克類，克長克君。
古訓是師，亦經亦史，亦典亦墳。
靈源一發，糟粕詩書，覃求祖意。
萬幾餘暇，日就月將，諮參不置。
乃知我皇，統御金輪，誕從佛位。
十有七載，蔀屋乾乾，遊觀廢罷。（蔀音部，覆蔽也）
猗與南苑，誰輸梵宮，四天來下。

檐阿華采，象設崔嵬，金輝玉射。
於皇聖母，宸躬是鞠，帝德式楷。
皇心孔念，昊天罔極，厚地無涯。
德厚恩高，何以報之，有覺如來。
乃命臣工，匪疚匪棘，精廬是飾。
以祈黃耇，以介景福，以引以翼。（黃耇：老人毛髮色黃之謂。耇音苟）
允矣我皇，永言孝思，孝思維則。
帝嘉忝學，禪證有辭，文宜朕詮。
忝拜稽首，對揚休命，風雅典鮮。
視于臣民，明昭有清，天子萬年。

六二 警語

清・弘覺道忞

老死至近，佛法將滅。善來，仁者！希聽讜言。

夫念生死苦，發菩提心，因菩提心，成無上覺：非千聖出離之本致乎？以迷自心無依住本無性妙理，取相生著；以著因緣，起貪瞋癡；乃至造無窮生死業報。非三界衆生流浪終古、往而不返之由來乎？

所以，《大集經》云：「汝日夜念念常起無量百千衆生。」《淨土三昧經》云：「一念受一身。」善念受天上、人間身，惡念受三惡道身。百念受百身，千念受千身；一日一夜種生死根，後當受八億五千萬雜類之身；乃至百年之內，種後世身體：骨、皮、毛遍大千刹土，間無空地。

況人身難得，異類恆生！是故《提謂經》言：「如有一人在須彌山上，以纖縷下之，一人在下持鍼迎之，中有旋嵐猛風吹，縷難入鍼孔：人身難得甚過于是！」又《菩薩處胎經》言：「盲龜值木孔，時時尤可遇，人一失命根，億劫復難是。海水深廣大，三百三十六，一鍼投海底，求之尚可得。」又云：「吾從無數劫，往來生死道，舍身復受身，不離胞胎法。計我所經歷，記一不記餘，純作白狗身，積骨億須彌。」

是知風燈命脆，胡蝶夢長，電影露華，詎堪玩愒！又復林林萬井，總總羣黎，幾人于此念生死苦、發菩提心？即發心矣，而良導難逢，他歧易惑！不見《雜華經》云：「一切世間羣生類，鮮有欲求聲聞乘，求緣覺乘轉復少，求大乘者甚希有；求大乘者尤爲易，能信此法爲甚難。」安似爾我得在宗門，以一念相應慧，直開如來頂眼！然不假方便，唯識己參！諸仁者無始時來，波流苦海，無益之事，尚以行之，況有法于此，能令一期之內，了辦己躬！又復推托無由，假令千劫流連，會須自己著力！何不盡此一生，早求解脫！

夫有成佛作祖之勝因如此，而不知求；有將來舍身受身之劇報如彼，而不知避；是尚得爲人倫有識之徒歟？誦《大集》、《淨土》之深經，可教石女寒心、衣毛卓豎；審《提謂》、《處胎》之梵說，將恐木人號泣，聲震大千！如此而不曰如之何如之何，則真吾末如之何也矣！

六三 觀苦入道論

清‧牧雲通門

世間法以不可力致者，委之命與數。故所遇窮達，達者惟順受之。此於世達矣，而其理有未窮。乃出世法則不然！以吾人生斯世也，修短不齊，有富貴焉，有貧賤焉；靈蠢萬殊，有聖哲焉，有愚昧焉。此非天降，非人與，無不從過去世搆因。如疇昔樂施與，則此生享盈積；疇昔奉齋戒，則此生履崇高；疇昔曾聽法、修慧，則此生有智、强識。其貧賤、愚蒙者反是。此先佛如來誠諦語。苟能知此，則人之處轗軻、患難，自不怨天尤人，一一消歸自己，而非世之所論不怨天、不尤人矣。

何則？古今高識大賢，言命與數，雖欲人反求諸己：而曰數，似于已外別有一限制在；曰命，又似乎已外別有一定宰在！所以李將軍（李廣）有數奇之悲；楚重瞳（項羽目有雙瞳）有天亡之歎。蓋將尤人不知反己！乃至顏（顏淵）、冉（冉求）之夭，夷（伯夷）、齊（叔齊）之餓，此又博學者屢屢致疑而莫解也。原其所號爲命與數者，祇論夫一世一形之賦受，其於死生輪轉幽微之故未嘗發明也。故昧者每以生爲樂，以死爲苦。賢者則曰：「所欲有甚於生者。」故患有所不避也。此不以死爲苦矣。然未嘗指生爲苦。聖者則曰：「朝聞道，夕死可矣。」此似以苟生爲苦，以道爲樂。然未明其道之何如也。

若夫達出世法者，當其遇坎坷，而顛沛流離也，則必惕然以思：此緜往因所致。既惕然以思，必恍然而悟曰：我既昔作坎坷之因，茲欲履不坎坷之境，無是理也。又將思：過去已作現在之因；則現生定作將來之果。因今以驗昔，由往以知來！因今以驗昔，則知定業之不化；由往以知來，則知定果之莫逃。以信因果分明故，則現在所作，又必矍然起驚曰：未來生死冥然無涯，我于今也仍不作無坎坷之因，乃欲將來期受無坎坷之報：有是理乎？如是而思，如是而審，如是而驚，如是而慮，則知患難貧賤未知爲苦，乃生死殊爲大苦矣！以有生死，而衆苦繫之矣。

思生死爲衆苦所繫，則欲求脫生死之念，必勃然而興；求脫生死之正念興，則世間情念應時而破。譬千年之暗室，一燈始然，不知諸暗之何從也！從是而疏世緣，從是而安貧賤，從是而輕富貴，從是而親善友，從是而堅正信，從是而黜聰明，從是而修智慧，從是而躋覺地，從是而知佛恩。夜寢夙興，應事接物，自不碌碌而過。此果因之理，乃出世大關鍵！未有不通斯旨，而能入道者。

但世之人情，每欲富貴而惡貧賤。是必以富貴爲榮，貧賤爲恥；又豈不以生爲樂、而死爲苦耶？達觀者不然，富也，貴也，貧也，賤也，靡不有老病死也；靡不有老病死，則富亦苦也，貴亦苦也，貧亦苦也，賤亦苦也。生爲其首也，生生不息，則其苦無竟！故大發修行之志，堅執智刀斬裂塵網，直躋乎無苦之岸。則生亦不可得，老亦不可得，病與死亦不可得。然後爲得。豈直富貴浮雲、貧賤不移而已哉。

蓋生滅滅已，寂滅爲樂：乃諸佛之造詣，羣靈之本因。迷而苦之，悟而樂之耳！昔者齊景公登牛山，見齊國之美，潸然雪涕；此其時亦有見乎身世無常爲苦！而達者哂之，以其迷寂樂境，認乾闥城而生戀戀也。若徒謂：生必有死，生爲勞、死爲佚，乘化以歸盡——爲達，而不究生死幽微之故，則亦莽蕩邪見；斯又景公之所當哂也！以其見世無常而不驚、盲瞑無智耳；其又惡能達觀無生、無苦之無上妙道也耶！

六四 隨緣集敘

清・靈耀全彰

緣從外來，非本真也；隨惟偶應，非專屬也。夫、人之相與俛仰一世，有悲歡、離合、貴賤、窮通、禍福、吉凶、升沉、倚伏，率外來也；而人則因外來，而亦悲歡、離合、倚伏、升沉矣。復因外來而有言則，如馬遷之史，瀧崗之表，元亮之歸去來，太白之桃李園，孟德之橫槊，漢高之大風，阮狂之哭，成公之嘯：皆偶應也——比猶太虛，雲騰鳥飛，風動塵起，日輪則明，雲霧則暗，戶牖則通，牆宇則壅，分別見緣，頑虛則空，鬱埻之象則紆昏塵，澄霽斂氛又觀清淨。究之太虛，體非羣相；亦不妨因外來，而明、暗、塞、空；又不妨因外來，而有聲則以鳥鳴，春以雷鳴，夏以蟲鳴，秋以風雨蕭蕭而鳴乎，其冬亦偶應耳。

寧惟人物乎！西竺空王，已渾全本真，永謝外務矣，其如有世界、生善、治惡、入理四種外緣來感，亦不獲已而有相，則現生法、報、應之身；又不獲已而有言，所謂生、生不可說，有因緣故，亦可得說；生、不生不可說，有因緣故說；不生、生不可說，有因緣故說；不生、不生不可說，有因緣故，亦可得說矣。

予、猶人耳，寧無外來感觸；亦有偶應之言！門人裒集成帙，以乞名。予曰：我無特操，我無專屬，而言者又非本真也——其名隨緣可矣。因編類爲四；而削去十九。雜著存十一，尺牘存百一，詩偈存千一，而源流則具存也。

徐孺子曰：周易稱「隨時」之義大矣哉！以剛來，而下柔動、而悅隨，天下隨時而大貞亨。隨緣之義，取諸此乎？予曰：不也！予卑卑雌伏，言不出羣，殆庶幾幾於易之澤，中有雷隨，以嚮晦宴息耳。

已未中元日　楞嚴講寺比丘靈耀書於大樹方丈

六五　紀夢 并序

清・靈耀全彰

丁未長烈，予三十五歲初度月也，五月小盡夜，寐去，遇有力者，强勒合巹（夫婦成婚曰合巹），簫鼓訇闐（訇音轟，大聲也！闐，盛貌也），爛其盈門矣！予以浮囊（喻戒，能出生死海）是重，頓首拒辭，且詳陳慾愛過惡，井井有條。須臾，而鼓樂轉逼，如韓侯顧止、玄德贅吳狀。予心益懼，攘力從稠衆中脫身——而寤。

嘻！昔童壽（鳩摩羅什）法師，幼遇應真（梵語阿羅漢）曰：「此子至三十五，不犯女色，度生當如笈多（四祖優婆笈多）尊者；若有損，無能爲也，祇可才明儁藝法師而已。」予才明儁藝不翅霄壤什公；而淫欲一戒，有生未犯，此三寶天龍，所共鑒知，不敢自誑，招墮泥犁者。今當什公不能自持之年，而乃夢中作主，是雖偶中，然此一戒，似邁什公矣。

嗟乎！什師大乘，從權益物，吾儕小人，沾沾以一寶自多，濫方聖者；其不爲什師笑鄙于常寂光中乎！爰紀以絕句：（四首）

三十五年春夢中，學擎油缽但持躬，
幸茲夢亦能辭慾，愛染將來庶不逢。

雞犬相將各慕雌，當年避婦我如癡，
何咍夢裡猶渾昔，昔日心疑夙世基。（咍音戲，睡息聲）

什公風望重當時，人主重闇亦被知，
漫道尸羅無我若，化緣差遜笈多師。

小乘律己大忘身，一眚何嘗掩至珍，
愧我半生仍碌碌，顧將夢事濫方人。

六六　御製清涼山志序

清聖祖

朕惟清涼山，古稱文殊大士演教之區也！茲山聳峙於雁門、雲中之表，接恆嶽而俯滹沱，橫臨朔塞，藩屏京畿。其地風勁而高寒，層冰結於陰巖，積雪留於炎夏，故名清涼。然地雖寒，而嘉木芳草，蒙茸山谷，稱靈異焉。五峯竦立，上矗霄漢，日月之所迴環，煙霞之所虧蔽。蒼然深秀，其爲神皋奧區，蓋自昔而已然矣。

是以自漢迄今，歷代皆有崇建，古剎精藍，遍滿巖岫。宇內稱靈山佛土最著者有三：峨眉，普陀，而五台爲尤盛焉！我世祖章皇帝（順治帝）上爲慈闈祝釐，下爲蒼生錫福，賜金遣使，屢沛恩施。朕數經駐蹕茲山，爲兩宮祈康寧福祉；因而登五峯、陟台懷，各爲文勒石以紀之，琪樹靈葩，形於篇詠。蓋嘗念佛教以清淨慈惠爲本，以戒定智慧爲宗，亦有裨於勸善遠慝。茲山又密邇塞垣，遠離塵俗，當爲清修者之所棲泊。故於此每惓惓焉。

山之有志，所以紀形勝、述建置、載藝文，俾後之人有所稽考；往蹟舊聞，不致湮沒。茲篇詳簡適中，不蕪不支，清涼勝境，可撫卷而得其梗概也。因敍於簡端。

康熙四十年五月初三日

六七　筏喻初學

清・虛舟行省

今時禪者，好說過頭話！譬如築室，基址未曾立，棟、梁、椽、梠亦安所附麗乎？西陸諸居士，謬從予問道，予爲述三皈、五戒、四弘誓願，真實露布，不假文飾，名曰《筏喻初學》。漢文帝有言：「卑之毋甚爲高論，令今可施行耳。」老僧亦云。

一

最初必重皈依三寶：皈依佛，兩足尊；皈依法，離欲尊；皈衣僧，衆中尊。皈依佛，不墮地獄；皈依法，不墮餓鬼；皈依僧，不墮旁生。皈依佛竟，皈依法竟。皈依僧竟。

夫此三寶者，我佛西來，以心地法門，開示此方衆生，使破迷歸悟，出離夢場，返本還初也。由性出相，借相明性，因立性、相二諦。即性即相，即相即性，所謂：「舉一心爲宗，照萬法如鏡也。」由相言之，玉毫、金相之謂佛；禪部、律藏之謂法；清淨、具德之謂僧。至於地獄、餓鬼、旁生，是背三寶之人，而墮入三惡道者也。若能皈依，改惡行善，便可以破凡成聖也。由性言之，自性了悟之謂佛；依悟空情之謂法；依法行持之謂僧。總在一念中明白了當，無不具足一體備三寶矣。此際如香爇旃檀，自然無有惡臭；那得夾帶惡念，而有地獄？隱藏慳念，而有餓鬼？縱恣癡念，而有旁生也？蓋此三惡道，不待死後受而方知！以天眼觀之，險藏凶惡、人面獸心，即識果不離因，現在已明彰較著矣！試看現身病苦，而復遇王難淩夷，火燒窮厄，而更復眷屬流離，種種坎軻，相爲侵逼，便是地獄之化報也。乃人不信者，以自糞不覺臭故也。即自己曉得妄念不是，又仍知法犯法！此爲何故？以無量劫來，業緣深重，自然習氣濃厚，不能一時輕撇。所以必藉功夫淘汰，又賴師友提攜，方能覷破。增得一分智慧，即破得一分塵勞。欲出塵勞，必須努力精進。如儒家喜怒哀樂，如何中節，必戒慎、恐懼，在慎獨處做入手功夫，始能應用不錯——大本立，而達道行也。禪門亦復如此，打頭就說皈依佛。

且道佛是何人？原來方寸內這一點藏處，大與人不同！罪滅而見其福足；癡斷而見其慧足。此人不被三界因果管束，出入自在，非世間人所識，稱作十號中佛，無不可也。何謂皈依？不但渴慕思惟，似見堯於羹牆；亦不但禮拜恭敬，以身爲牀座；必也不違其教訓，做其清範，將我之見聞覺知，與佛之見聞覺知相合，使了了分明，不為舊時妄想所賺。能如是行到、見到，即與佛不相乖戾。名之曰皈依。似人歸家，無不依家為生活；似水歸海，無不依海為流動也。皈依曰竟者：此外無別事，不以外道再為師也。如此皈依，六道三塗永無分矣。今舉一該萬法，俱應作如是觀。

且如皈依法，稱為離欲尊，而不墮餓鬼者！以其皈依法，非止見佛所說妙談、似窮子得領父貲、一時富貴所謂無價寶也，遂歡喜讀誦，終身不輟；亦不止依文解義，講說洞徹，以為皈依也；究竟要從自心偷習俱盡、妄想不續，自己得一分般若之智，即得一分般若之法也；由是惑盡智圓，法法證三昧，與法不相隔礙，是謂皈依。可見法非外來，亦非强贅。如自性無暗昧，即般若法；自性無繫戀，即布施法；自性無搖惑，即禪定法；自性無嫉害，即慈悲法；自性無愛染，即持戒法；自性無懈惰，即精進法。即此推開，萬行俱全！不同欲溺下沈，一似登巔獨據，名為離欲尊。調御高風，人天尊仰，焉得墮惡鬼哉！然論世人，餓鬼之報，亦不易免者！以不解智食，而惟依識為食。貪於口腹，即此思食一念，便墮在餓鬼。所以佛制過午不食，即食必作五觀，防餓瘡妄思之受墮也！凡人臨命將終，不能如洞山高衲去後能來、遊戲愚癡之齋，由是刀風解體，思食不能食，又一餓鬼出現也。及業識去後，不能轉識成智，變爲中陰身，望食救焦渴之苦，又一餓鬼出現也。必須生前作主，直下跳出黑山鬼窟，將熟路引起現在百千幻想，俱付紅爐烈焰，不容星草留礙！既不起塵，不名依塵出沒；不起情見，不名依情顛倒，謂之皈依法。如法修行，上超天人，終離鬼趣，亦只從最初皈依法三個字了悟——自然頭頭合式也。

何謂皈依僧衆中尊？以頭髮一削，義取諸塵俱斷。髮削而頭換，則色色俱換：看的不是色，換眼；聽的不是聲，換耳——六根門下換其舊習。將齷齪凡夫，換做清淨菩薩。所以稱解脫人，不受世縛。但根器不同，品類遂別，吾寧舉措取法上流——流俗阿師固所不齒！即講僧、律僧，雖所難得，而心所尊服——尤重了悟大僧。以此僧爲衆中尊，不特人間崇重，論其德化，冥間、天上到處景仰。從此有昇無墮，有樂無苦，何旁生之有！古德云：「心迷生死始，心悟輪迴息。」心迷佛是衆生，心悟衆生是佛。故不可將高僧推在別人分上做也。莫待身閒事完，始可習靜，應須即今撐開冷眼看，業識茫茫幹得甚事？秦鹿、漢馬尚屬漚影，區區蝸角之爭，蟻戰之忙，將何所用也！急急自消塵業，冰清操履。縱然未離家眷，或墮貌劣，或羈女質，而但中有過人處，法華所謂：「猶如淨琉璃，內現真金像。」豈不是與從上賢聖，同遵芳範，不負皈依僧之義也。

予如是註三皈者，從六祖大師令人皈依三寶，即從自性發動念處，便爲指示見佛，不從外求。若外求有相佛，與汝不相似！似數別人錢，自家無分。惟法法消歸自己，纔見自己家寶，儘堪受用。故初祖未來此土，此土只高僧禪定、經咒、儀度等法，人依此修習；祖來直指見性，不落階級次第，所謂頓教也！頓則真痛快直捷，不異千年暗室，一點照破也！

若依漸教分別，則有，最初三寶：佛初成道，即稱如來，名佛；四諦法輪，名法；五阿羅漢，名僧——謂初因二賈客，及女人須闍陀，併五人陳如等，皆授二皈，以未有僧寶也，佛後於鹿苑度五俱鄰，人間已有六阿羅漢，因爲耶舍父母最初三皈。有小乘三寶：佛現丈六金身；說四諦、十二因緣法；成四果位僧。有大乘三寶：三身、十身名號；二空理等名法；三賢、十聖名僧。三賢者：十住、十行、十向。十聖十地也。有住持三寶：刻像圖形名佛；貝多梵書名法；削髮染衣名僧。有別相三寶：法、報、應化名佛；教、理、智、斷名法；三乘階次名僧。有一體三寶：真如覺了名佛；全體軌持名法；理事和合名僧。

予之所宗，本於一體三寶，亦由師師相承，從正法眼藏，認取自家面目，見得自家靈山上原有一尊活佛。有時唱演無量妙法，句句截斷貪癡！有時動遵無垢大僧，處處爲人尊仰，將上住持、別相、大、小，無不完攝，未嘗不圓融，未嘗不差別，似鳥飛空中，不離空色，而亦不礙空色，殆不可思議也！

奈何，背覺合塵，而錯認幻身、幻心，以爲活計！一迷爲身，將肉袋、危脆不久者，認爲奇貨可居；殊不知九孔垢流，萬蟲攢集，寒暑失調，病若交集，著眼思之，有何可愛！何不返取光明變化之身，水火可入也。一迷爲心，將不正之心，感爲傍生；將沈溺之業，陷爲地獄；慳吝我執，墮爲餓鬼。此時受報，悔之無益噬臍。何不迴光返照，如以能見之眼，自見其心；能聞之耳，返聞其聞，使破妄歸真，雲去月現，一靈先覺，併他心俱通之爲妙也！可見凡聖，分於迷悟，則最初入門，可不以三皈爲鄭重乎。

然即欲回首，而無好僧點破，便是不遇作家，到老翻成骨董！每見根器甚佳，而誤入傍蹊，最爲可惜。惟有向上全提，如僧問馬祖：「如何是西來意？」祖答云：「汝即今是甚麼意？」又如慧可大師問初祖：「弟子心未安，乞師安心。」祖云：「將心來，與汝安。」凡此開示，人能參究，必定靈山一會，儼然未散也。

二

三皈後，即受五戒戒法：一不殺生；二不偷盜；三不邪淫；四不妄語；五不飲酒、食肉。

此五戒者，將現身易犯之過，一一改除，以植善根。似造屋者，先將柱棟、磐石發軔也。不殺則仁，併蟲蟻不得故傷；不盜則義，併芥草毋得苟取；不邪淫則存禮，併屋漏毋得抱愧；不妄語則存信，併口過毋得侵累；不飲酒、食肉則存智，併諸味無得貪著。肉物從殺命中來，經云：「食肉者無慈悲心，命終必墮羅刹。」豈可食乎！殺、盜、淫、妄，輪王所制；酒乃佛所制也。智論明飲酒十過：一顏色惡；二下劣；三目視不明；四現瞋恚相；五壞資生業；六致疾病；七益鬥訟；八惡名流布；九智慧減少；十死墮惡道。故應防狂藥，以表淡泊明志。佛以五者爲戒，戒則名尸羅，可以解脫生死；故義在禁除，凜然嚴飭，斷不可犯。

問云能持否？非一一勉强也！以人性本善，乃性之德也；人若能明其自性，則不戒而戒！似明鏡動止合儀，而其人如玉：豈不爲皈依法者第一義諦！如忽五戒，則仍墮三惡道矣。予見有頗信法門，只是不能奉素，是明犯食肉、殺生二戒矣。況因而苟且，無所不至；所以必須力量把定，方能車破而可修，絃壞而可補也。又見五戒已信從，而檢閱行實，有一二未能持者；然美玉不容片瑕，星火亦足焚棟，既有戒受，寧以戒護身，不可以無戒而負悔也。

三

五戒後，即授四弘願。願云：無邊衆生誓願度，無量煩惱誓願斷，無盡法門誓願學，無上佛道誓願成。

三皈、五戒入道之本已立矣；然菩薩在自利利他，不可僅如羊、鹿等機，昨自了漢也！永明云：「境無自性，而他成自，心無自性，而自成他。」所以融通事理，交參賓主，直至無我、無人，始見一體同觀。煩惱起于無明；無明破則煩惱除。故心動雜想，即不自在；能看破雜想起處，有漏結習，自然消釋。

何謂無量法門誓願學？以佛將心地法門，開示於人，名之謂經；依開示履踐，使身無差謬，名之謂律；諸菩薩將佛不盡深義，問難辨明，名之謂論。是謂經藏、律藏、論藏。即收盡佛五時、十二部經之大意也。初時喻乳；二時酪；三時生酥；四時熟酥；五時醍醐。十二部：法本、重頌、授記、孤起、無問自說、因緣、譬喻、本事、本生、方廣，未曾有、論議。偈曰：「阿含十二方等八，二十二年般若談，華嚴最初三七日，法華、涅槃共八年。」是佛四十九年所說也。

以佛本意，即欲人見自性，故出母胎，即指天指地，以露宗門消息。然雖露消息，而錯過者多！未免有悟即有迷，有正則有邪，傍門偏惑，自古有之。佛既出世，當以佛語為人天眼目，作萬世依憑。落之於語，名謂教，即有頓、漸差別；究竟以正法眼藏及衣鉢，傳之大迦葉，其所重可知矣！故始成正覺，即現千丈金身，說華嚴頓教。奈人不會，復現丈六身，說四諦、十二因緣，如阿含、諸律部，度憍陳如等五人作羅漢，以破結習，名小教。佛法僧自此始也。後見機緣漸熟，即說《楞嚴》、《金光明》、《維摩》、《勝鬘》等經，斥小彈偏，方與般若談，空有契，名大教。佛法僧自此盛也。以後四十年來，漸見身子、空生等，俱能會權作實，故與法華會上，授記作佛。即於一日一夜，盡說涅槃。此八年中，已稱說法本懷，遂示涅槃。所謂法門無量誓願學者此也。

自後，諸師建立門庭，各師其師，一一不同，而於佛勅，總不違也。

——或立為法相宗：起於彌勒慈氏，因無著與天親菩薩，咨參慈氏，唯識相與立論。後傳與天竺戒賢；賢授唐之亦奘；奘東歸授窺基；基乃綱羅製疏。學者宗之，名為慈恩法相教。

——或立為法性宗：起於文殊大士現為燉煌杜順師；師傳智儼；儼傳康居國法

藏大師，後入中國，爲隋文帝所敬，開演新譯華嚴宗旨，光從口出；藏傳清涼觀；觀傳圭峯密。學者宗之，名爲賢首教。

——或立爲天台講主：起自龍樹大師；師傳北齊慧文大師；師傳南嶽思大禪師；師傳智者大師，遂將佛三觀：空、假、中，圓爲第一義諦。學者宗之，名天台教。

——或立爲南山律宗：起自優波離尊者，集四衆結集毗尼：沙彌十戒、比丘二百五十戒、比丘尼三百四十八戒、菩薩戒十重四十八輕，使攝心不動，自合儀則，總令人從戒歸覺也。三國時，西竺曇柯羅師至洛陽，出僧祇戒本，至晉安帝，佛馱耶舍尊者，又以十誦律來，律儀始備。唐·宣律師，持守尤謹；學者宗之，名爲南山律教。

——或立爲瑜伽顯密教：始自金剛薩埵，西域人也，通經律論，忽感毗盧遮那佛親授瑜伽五部，以手作印、心作觀、口誦真言，大約悲願爲體，拔苦爲用。傳之南印土金剛智。智於唐開元慈恩寺建立曼荼羅壇法儀制，時不空三藏，及一行，俱師事之。不空謚灌頂國師。學者宗之，名燄口瑜伽教。梁朝誌公大師，出水陸儀文，亦同此也。

——或立爲蓮社一宗：東晉時遠公大師，統會東林十八入，結蓮花漏，專心念佛，求生淨土。本於大勢至菩薩以念佛法，離顛倒想。遂至永明禪師、明蓮池大師專念盛行。學者宗之，名爲淨土宗。

以上即儀範之不同，而總成出塵之行，以遊戲華藏之門——無量法門誓願學者此也。法門得學，佛道自成。願者甘心，誓者不退。以喜效爲精勤，則度得自己，便度得衆生。從來身教足以感化也。

四

三皈、五戒、四願畢，復說懺悔法，以成迴向。往昔所造諸惡業，皆由無始貪瞋癡，從身語意之所生，一切我今皆懺悔。

人誰無過？所貴真實懺悔！不懺悔則罪積未消滅，定業難逃也。智者而忍令我身福輕如羽、業重如山乎？況我自性中，有佛可做，有法可樂，有僧可依——此莫大無價之寶也！譬如貧女人，色貌甚醜陋，而懷貴子相，當爲轉輪王。譬如大冶鑄，無量真金像，愚者自外觀，但見焦黑土。迷三寶而不肯皈依，因不得預戒、發願、登歡喜地，良可悲也！今能知生死蜉蝣，不保朝夕，痛心改過，加意策勵，將往昔貪瞋癡，從身語意所生者，直從生起處，似草除根，則意不涉妄想，便明圓覺。所以名之謂懺悔。以後過不復續。方見前非果能懺也。遇順境則生愛，愛則成貪；遇逆境則生憎，憎則生瞋。殊不知境緣歸幻影子，而反被影子所惑，真癡之甚也！以志誠信心出世，法皆懺悔三字，如知玄惡瘡，瘡得清涼洗滌，則相續癡惑，自然永破。可謂皈依佛竟，皈依法竟，皈依僧竟也。（清・徐善編）

六八　念佛要門

高麗・普照知訥

蓋夫末世衆生，根性昏鈍，欲習濃厚，故久滯沈淪，未免衆苦。不憑師友之嘖，難得脫苦之樂。由是，我嘖汝等之前非，令獲五念之停息，通達五障；然後令超五濁，登九蓮上。汝須專志，聽我言！

其五停心者：一、多貪衆生不淨觀；二、多瞋衆生慈悲觀；三、多散衆生數息觀；四、愚癡衆生因緣觀；五、多障衆生念佛觀。此五念雖停，未離世緣，故滯於五障也。

其五障者：一、相續愛欲，名煩惱障；二、了執法門，名所知障；三、愛身造業，名報障；四、無心守靜，名理障；五、通察萬法，名事障。此五障不通，故滯在五濁也。

其五濁者：一、一念初動，不分空色，名劫濁；二，見覺紛起，汨擾湛性，名見濁；三、煩起邪念，發知現塵，名煩惱濁；四、生滅不停，念念遷流，名衆生濁；五、各受識命，不顧其源，名命濁。

不停五念，則五障何通？五障不通，則五濁奚清？是以五念不停者，多障、多濁故，必以十種念佛三昧之力，漸入清淨戒門。戒器純清，一念相應，然後可得停心，超於障濁，直到極樂，淨修三無漏學，同證彌陀無上大覺也。

是以欲證斯道，應修十種念佛！何等爲十？一、戒身念佛；二、戒口念佛；三、戒意念佛；四、動憶念佛；五、靜憶念佛；六、語持念佛；七、默持念佛；八、觀想念佛；九、無心念佛；十、真如念佛。如是十種念佛，皆一念真覺之所發，而成念極功也。故念者，守也，存養真性，要守不忘也。佛者，覺也，省照真心，常覺不昧也。故無念之一念，覺了圓明，圓明絕慮，是謂真念佛也。

第一、戒身念佛者：當除殺、盜、淫，身器清淨，戒鑑圓明，而後端身正坐，合掌面西，一心欽念南無阿彌陀佛！數無窮盡，念無間斷，乃至坐忘非坐，一念現前時，名爲戒身念佛。

第二、戒口念佛者：當除妄語、綺語、兩舌、惡口，守口攝意，身清口淨，而後一心敬念南無阿彌陀佛！數無窮盡，念無間斷；乃至口忘非口，自念現前時，名爲戒口念佛。

第三、戒意念佛者：當除貪、瞋、痴、慢，攝意澄心，心鑑無思，而後一念深念南無阿彌陀佛！數無窮盡，念無間斷；乃至意忘非意，自念現前時，名爲戒意念佛。

第四、動憶念佛者：當除十惡，正持十戒，於動用周旋，造次顛沛，一心常念南無阿彌陀佛！數無窮盡，念無間斷，乃至動極不動，自念現前時，名爲動憶念佛。

第五、靜憶念佛者：十戒既淨，一念不亂，於靜身閑事，幽夜獨處，一念專念南無阿彌陀佛！數無窮盡，念無間斷；乃至靜極即動、自舉念，名爲靜憶念佛。

第六、語持念佛者：對人接話，呼童、警僕，外感隨順，内念不動，一念靜念南無阿彌陀佛！數無窮盡，念無間斷，乃至語忘無語，自念現前時，名爲語持念佛。

第七、默持念佛者：口誦之念既極，無思之念默契，夢覺不昧，動靜恒憶，一念默念南無阿彌陀佛！數無窮盡，念無間斷，乃至默忘不念，自念舉時，名爲默持念佛。

第八、觀想念佛者：觀彼佛身，充滿於法界，妙光金色，普現於羣生前，想知佛光，照我身心，俯仰觀聽，了非他物，至意至誠，一念極念南無阿彌陀佛！數無窮盡，念無間斷，於十二時中，四威儀內，常敬不昧。是名觀想念佛。

第九、無心念佛者：念佛之心，久化成功，漸得無心三昧，無念之念，不舉而自舉，無思之智，非圓而自圓，不受而受，無為而成。是名無心念佛。

第十、真如念佛者：念佛之心既極，無了之了自了，三心頓空，一性不動，圓覺大智朗然獨尊。是名真如念佛。

若非先斷十惡、八邪者，奚順於十戒清淨；又非身器清淨、戒鑑圓明者，何契於十種念佛。是以身器清淨，然後可以貯凝法藏；戒鑑圓明，然後可以佛應照著。故經云：「雖得醍醐真三昧，若非寶器貯凝難。」今此念佛之人，身器清淨，戒鑑圓明，豈佛能儲凝真法味者乎！

近來，白衣邪徒，不斷十惡、八邪，不修五戒、十善；以曲會、私情、妄求念佛，披露邪願，欲生西方：是乃如將方木逗圓孔也！如此之人，自意雖持其念佛，佛意何契其邪念乎？是以破戒、謗佛，妄求真淨之罪，幽結極重。故死墮地獄，自傷身心。是誰過歟！

汝等戒侶！觀鑑於茲，先斷十惡、八邪，次持五戒、十善。懺悔前非，願盟後果，參結同心，志定死生。持年三長，守節八交，劾月六齋，須以十種念佛爲業，久功積力，洎合真如念佛，則日日、時時，行、住、坐、臥，阿彌陀佛真體冥現其前，摩頂授記。若於臨命終時，親迎極樂，於九品蓮臺必以上品相對而住。珍重。

偈曰：

「一真性海露丹地，六國安然沒五濁。
物物頭頭無著處，聲聲色色般涅槃。」

六九　誡初心學人文

高麗・普照知訥

夫初心之人，須遠離惡友，親近賢善。受五戒、十戒等；善知持、犯、開、遮。但依金口聖言，莫順庸流妄說！既已出家，參陪清衆，常念柔和善順，不得我慢貢高。大者爲兄，小者爲弟，儻有諍者，兩說和合。但以慈心相向，不得惡語傷人。若也欺凌同伴，論說是非，如此出家，全無利益。

財、色之禍，甚於毒蛇！省己知非，常須遠離。無緣事，則不得入他房院；當屏處，不得强知他事；非六日，不得洗浣内衣；臨盥漱，不得高聲涕唾；行益次，不得搪揬越序；經行次，不得開襟掉臂；言談次，不得高聲戲笑；非要事，不得出於門外。

有病人，須慈心看護；見賓客，須欣然迎接；逢尊長，須肅恭迴避；辦道具，須儉約知足；齋食時，飲啜不得作聲，執放要須安詳，不得舉顏顧視，不得欣厭精粗，須默無言說，須防護雜念，須知受食但療形枯，爲成道業，須念般若心經，觀三輪清淨，不違道用。

赴焚修，須早暮勤行，自責懈怠；知衆行次，不得雜亂；讚唄、咒願須誦文觀義，不得但隨音聲、不得韻曲不調；瞻敬尊顏，不得攀緣異境；須知自身罪障，猶如山海，須知理懺、事懺，可以消除；深觀能禮、所禮，皆從真性緣起，深信感應不虛，影響相從。

居衆寮，須相讓不爭，須互相扶護；慎諍論勝負，慎聚頭閑話，慎誤著他鞋，慎坐臥越次；對客言談，不得揚於家醜，但讚院門佛事；不得詣庫房，見聞雜事，自生疑惑；非要事，不得遊州獵縣，與俗交通，令他憎嫉，失自道情；儻有要事出行，告住持人及管衆者，令知去處。

入俗家，切須堅持正念，慎勿見色聞聲，流蕩邪心；又況：披襟戲笑、亂説雜事、非時酒食、妄作無礙之行，深乖佛制！又處賢善人嫌疑之間，豈爲有智慧人也！慎人事往還，慎見他好惡，慎貪求文字，慎睡眠過度，慎散亂攀緣。

若遇宗師陞座説法，切不得於法作懸崖想，生退屈心；或作慣聞想，生容易心。當虛懷聞之，必有機發之時！不得隨學語者，但取口辦。所謂：「蛇飲水成毒，牛飲水成乳；智學成菩提，愚學成生死」是也。又不得於主法人生輕薄想，因之於道有障，不能進修，切須慎之！論云：「如人夜行，罪人執炬當路；若以人惡故，不受光明，墮坑落塹去矣！」聞法之次，如履薄冰，必須側耳目而聽玄音，肅情塵而賞幽致。下堂後默坐觀之，如有所疑，博問先覺，夕惕朝詢，不濫絲髮，如是乃可能生正信，以道爲懷者歟！

無始習熟，愛欲、恚、癡，纏綿意地，暫伏還起，如隔日瘧；一切時中直須用加行方便智慧之力，痛自遮護。豈可閑謾，遊談無根，虛喪天日——欲冀心宗，而求出路哉！但堅志節，責躬匪懈，知非遷善，改悔調柔。勤修而觀力轉深，鍊磨而行門益淨；長起難遭之想，道業恆新；常懷慶幸之心，終不退轉。如是久久，自然定慧圓明，見自心性。用如幻悲智，還度衆生，作人天大福田。切須勉之。

泰和乙丑冬月　海東曹溪山老衲知訥誌

七〇　願文

日本・傳教最澄

悠悠三界，純苦無安也；擾擾四生，唯患不樂也。牟尼之日久隱，慈尊月未照，近於三災之危，沒於五濁之深。加以風命難保，露體易消！草堂雖無樂，然老少散曝於白骨；土室雖闇迮，而貴賤爭宿於魂魄。瞻彼省己，此理必定！仙丸未服，遊魂難留；命通未得，死辰何定。生時不作善，死日成薪獄。難得易移，其人身矣；難發易忘，斯善心焉。是以法皇牟尼，假大海之針、妙高之線，喻況人身難得；古賢禹王，惜一寸之陰、半寸之暇，歎勸一生空過。無因得果，無有是處；無善免苦，無有是處。

伏尋：思己行迹，無戒竊受四事之勞，愚癡亦成四生之怨。是故《未曾有因緣經》云：「施者生天，受者入獄。」提韋女人四事之供，表末利夫人福；貪著利養五衆之果，顯石女擔輿罪。明哉善惡因果，誰有慚人，不信此典。然則知苦因而不畏苦果，釋迦遮闡提；得人身徒不作善業，聖教嘖空手。於是，愚中極愚，狂中極狂，塵禿有情，底下最澄，上違於諸佛，中背於皇法，下闕於孝禮，謹隨迷狂之心，發三、二之願，以無所得而爲方便，爲無上菩提第一義，發金剛不壞不退心願：

我自未得六根相似位以還，不出假（其一）；自未得照理心以還，不才藝（其二）；自未得具足淨戒以還，不預檀主法會（其三）；自未得般若心以還，不著世間人事緣務，除相似位（其四）；三際中間，所修功德，獨不受己身，普回施有識，悉皆令得無上菩提（其五）。

伏願：解脫之味獨不飲，安樂之果獨不證！法界衆生，同登妙覺，法界衆生，同服妙味。若依此願力，至六根相似位，若得五神通時，必不取自度，不證正位，不著一切。願必所引導今生無作、無緣四弘誓願，周旋於法界，遍入於六道，淨佛國土，成就衆生，盡未來際，恆作佛事。

跋語

達理法師

禪爲教之體，教乃禪之用。有禪無教，必成偏空。有教無禪，則必著相。故兩者不可偏廢。若相輔則雙美，此必然之理也。然究實而言：禪、本教外別傳，不立文字，以心印心，即付心法。所謂：法法本無法，無法亦法法。蓋清淨本然，圓滿菩提，歸無所得也。今竟欲於無所得，而形諸文字，豈非畫蛇而添足耶？雖然如是，但爲導俗利生，因緣顯示，即空即有，妙有畢竟真空，言語道斷，心行處滅，如人飲水，冷暖自知，若定作有會，則未免遭頭上安頭之譏。否則，流於斷頭求活，皆非所宜。又世之學人，動輒以禪直指人心，見性成佛，似以禪爲超然較易解脫，而忽略教理。倘不幸而盲修瞎練，一盲引衆盲，相將入火坑，何其危險耶！吾友惟明法師，英年奮發，曾居山野，困志篤究，如是苦修，卒有所悟，今要以其自覺而覺他，將其所學心得，形諸筆墨，發爲文字音聲，貢獻世人，用心廣大，尤爲難能可貴處。早年其所著述《法海點滴》、《禪林珠璣》印行問世，人爭研閱。今復以編成《圓明文集》付梓，問跋於理，理何人也，而敢於此置喙。推之弗克，祇作隨喜讚歎已耳！深願世之同道者，人手一帙，開卷有益，從此悟入，功德何可言喻？是爲跋！

壬申冬十月彰化市東山學苑慚愧沙門達理敬跋。

國家圖書館出版品預行編目資料

湛然空寂：惟明法師開示語錄. 5 / 惟明法師著. --
初版. -- 新北市：華夏出版有限公司, 2024.02
面；　公分. --（惟明法師作品集；05）
ISBN 978-626-7296-71-4（平裝）
1.CST：佛教說法 2.CST：佛教修持

225.4　　112012163

惟明法師作品集 005

湛然空寂：惟明法師開示語錄 5

著　作　惟明法師
出　版　華夏出版有限公司
220 新北市板橋區縣民大道 3 段 93 巷 30 弄 25 號 1 樓
電話：02-32343788　傳真：02-22234544
E-mail：pftwsdom@ms7.hinet.net
印　刷　百通科技股份有限公司
電話：02-86926066　傳真：02-86926016
總 經 銷　貿騰發賣股份有限公司
新北市 235 中和區立德街 136 號 6 樓
電話：02-82275988　傳真：02-82275989
網址：www.namode.com
版　次　2024 年 2 月初版一刷
特　價　新台幣 360 元（缺頁或破損的書，請寄回更換）

ISBN-13：978-626-7296-71-4